Ludwig Speidel

Heilige Zeiten

Weihnachtsblätter

Ludwig Speidel

Heilige Zeiten
Weihnachtsblätter

ISBN/EAN: 9783337354176

Hergestellt in Europa, USA, Kanada, Australien, Japan

Cover: Foto ©Lupo / pixelio.de

Weitere Bücher finden Sie auf **www.hansebooks.com**

Heilige Zeiten

Weihnachtsblätter

von
Ludwig Speidel

1911
Bei Meyer & Jessen
Berlin

Neuntes Tausend

Vorbemerkung

Die folgenden Aufsätze sind alle aus der erhöhten Familienstimmung des »großen Kindertages« entstanden, alle für Weihnachten geschrieben worden. Nicht gerade in kirchlichem Geiste. Aus gut katholischem Hause, war Ludwig Speidel für die eigene Person in keiner der anerkannten Konfessionen unterzubringen. Der offizielle Gottesglaube hielt sich nicht lange in seiner jugendlichen Seele, und der Himmel, wie er gleich im ersten Aufsatz erklärt, hatte sich ihm frühzeitig zu einem unendlichen Spielraum natürlicher Kräfte erweitert. Man wird also in diesen »Heiligen Zeiten« manchen unheiligen Gedanken zu lesen bekommen, schließlich aber doch den Eindruck davontragen, daß dieses Büchlein ganz durchweht ist von einem tief religiösen Gefühl, das nur an ein bestimmtes Glaubensbekenntnis sich schlechterdings nicht binden läßt. Wir gewinnen hier Einblick in die Schätze eines echt frommen Gemütes. Meister Ludwig war kein Mann der flüssigen Rede, keiner von jenen, die ihr schönes Herz selbstgefällig auf der flachen Hand tragen. Was ihn am mächtigsten bewegte, davon schwieg er am beharrlichsten, als fürchtete er, seine Empfindung könnte durch das ausgesprochene Wort entweiht werden. Hin und wieder bloß – und dies eben waren seine »heiligen Zeiten« – übermannte ihn der Drang, seinen Lieben mitzuteilen, was sie ihm galten. Auch dann sagte er es ihnen nicht ins Gesicht, auch dann übertrug er sein Persönlichstes ins Allgemeine, schrieb über die Frauen überhaupt, über die

Kinder im weitesten Umkreis, so innig freilich und mit so tief heraufgeholten Herzenstönen, daß man wohl merke, wie hier die Liebe zu der eigenen Frau, zu den eigenen Kindern zwischen den Zeilen mitklang. Dieser persönliche Einschlag verlieh solchen Aufzeichnungen ihren wundersamen Reiz, ihre anheimelnde Wärme, ihren außerordentlichen Erfolg. Ein Weihnachtsblättchen von Ludwig Speidel! Mancher Wiener dürfte sich erinnern, wie man sich einst alljährlich auf dieses Christgeschenk freute, mit welcher Andacht man Satz um Satz die seltene Gabe verkostete, und wir sind überzeugt, die jüngeren Leser von heute werden jene älteren nicht Lügen strafen.

Wien, im November 1910.

Der Herausgeber.

Inhalt

Zu Weihnachten	1
Einsame Spatzen	12
Alte Mädchen	17
Frauenalter	23
's Rickele von Munterkingen	29
Die Kunst, arm zu werden	43
Zwei Kinder	49
Ohne Mutter	58
Mutter und Kinder	64
Aus der Kinderwelt	70
Aus der Kinderstube	79
Märchenhaftes	87
Spiegelbilder	94
Das Ammergauer Krippenspiel	101
Das Heimatsgefühl der Brüder Grimm	114

Zu Weihnachten

Ich habe viele Weihnachtsbäume gesehen in meinem Leben, aber keiner gefiel mir so gut und gefällt mir mit jedem Jahre besser, als der Baum, den ich meinen Kindern aufrichte. Gewiß waren es selige Tage, da man mit seinem kleinen kindlichen Herzen noch an Wunder und Zeichen glaubte, wo im Advent noch Engel an die Fenster pochten und in der Stube, durch welche sie geflogen, Tannenzapfen und Stücke von Rauschgold zurückließen, bis endlich das Knäblein von Bethlehem als Heiland der kleinen Kinder sich persönlich ins Haus bemühte, um mit freigebiger Hand die Fülle seiner Gaben auszubreiten. Freilich hielt solche arglose Gläubigkeit, zumal in Ländern mit Schulzwang, nicht lange vor. Der Schulmeister ist der geborene Feind jeder Romantik und sein ABC die schwarze Kunst, welche Himmel und Hölle zwingt. Wie tief mußte der unbeschränkte Kredit, den man der alten Firma Gott Vater, Sohn und Heiliger Geist geschenkt, erschüttert werden, wenn eines schönen Weihnachtsabends ein freches Schuljungen-Auge an dem ledernen Hanswurst den Preiszettel mit dem Stempel: »Simon Mayer und Sohn« entdeckte und entzifferte? Wer lesen kann, ist schon halb des Teufels, und vollends wer schreibt, der gehört ihm mit Haut und Haar. Und doch wandelt uns die Aufklärung nicht völlig um, denn während sie uns die unklaren Vorstellungen zerstört, rührt sie kaum an die dunklen Empfindungen, aus welchen jene Vorstellungen hervorgegangen. Sie nimmt den Zahn und läßt die Wurzeln stehen. So kann es denn auch geschehen, daß sonst nüchterne Männer, die bereits das Schwabenalter überschritten haben und dem kirchlichen Weihrauch gründlich abhold sind, durch den Duftfaden einer ausgelöschten Wachskerze oder den Geruch eines angebrannten Tannenwedels in eine Strömung des Empfindens hineingezogen werden, die sich von dem Ergusse religiöser Gefühle nicht allzu weit entfernt. Und solche Gefühlsweise begleitet uns in die Fremde und erwacht hier um die Weihnachtszeit mit doppelter Lebendigkeit. Der Weihnachtsbaum der Fremde findet uns als ein sehnsuchtsvolles, dummes Kind. Kein trübseligeres Los, als in fremder Stadt die Gassen einsam durchwandeln und ohne gemütliche Beziehung mit ansehen zu müssen, wie in den Fenstern ein Baum nach dem andern aufleuchtet und wieder finster wird, als ob uns das alles nichts anginge. Daher segnen wir die guten Menschen, die den Junggesellen an ihrer Weihnachtsfreude teilnehmen lassen, ihm auf Augenblicke eine Familie vortäuschen. Wohl wird ihm die Täuschung fühlbar werden, und seine Gedanken werden, die Illusion der Gegenwart überspringend, zurückschweifen in die Kindheit und das Elternhaus; er gedenkt vielleicht einer geliebten toten Mutter, eines alternden Vaters, der Geschwister, die Liebe oder anderes Schicksal nach allen Winden zerstreut hat. Anders als früher treffen sein Auge die funkelnden Lichter des grünen Lustbaumes; sie brechen sich in dunkleren Farben nach innen, der Ernst des Lebens, seine wechselnden Geschicke tauchen am Horizont der Seele auf. Er ist nicht mehr Kind, und er hat noch keine Kinder. Erst wenn er das geliebte Weib heimgeführt, wenn sie ihm Pfänder der Liebe geschenkt, dann blüht ihm eine zweite Jugend zu, und er wird wieder mit vollem Verständnis vor dem Weihnachtsbaum stehen. Die Welt ist ihm freilich mittlerweile klar geworden. Der Himmel hat sich ihm zu einem unendlichen Spielraum natürlicher Kräfte erweitert, aber lächelnd und nicht ohne Rührung sieht er die religiösen Vorstellungen als Spielzeug in den Händen seiner Kleinen. Den Weihnachtsbaum durch die Augen dieser kleinen Weltbürger zu betrachten, ist das seligste Vergnügen, und darum gefällt mir von allen Weihnachtsbäumen gerade der Baum am besten, den ich meinen Kindern aufrichte.

Ja, Weihnachten ist der große Kindertag des Jahres, und es ziemt sich wohl eine Betrachtung darüber, was uns diese kleinen Geschöpfe sind. Ich möchte Frauen darüber befragen, denn sie stehen den Kindern um so viel näher als wir, daß wir doch immer ein wenig uns ähnlich ausnehmen, wie der gute Joseph, der die Gruppe der heiligen Familie bilden hilft. Aber vielleicht stehen die Frauen den Kindern allzu nahe, sind in einem gewissen Sinne selbst zu viel Kinder, als daß sie über ihre eigene Sache beredsam werden könnten. Der Mann nimmt sich auch hier wie anderwärts das Wort heraus. Nun sprudeln dem Manne zwei lebendige Quellen der Verjüngung: die Frauen und die Kinder, zu welchen ich als dritte noch die Tiere, als die ewig minderjährigen Geschwister des Menschen, zählen möchte. Die Frauen zu preisen, zu wiederholen, daß sie die geborene Liebe und Anmut, daß sie Heldinnen sind im Ertragen von Leiden und in der selbstlosen Hingabe und Aufopferung, wäre ein eitles Beginnen, da der Preis der Frauen durch alle Zeiten und Zungen klingt und die Poeten heute wie gestern nicht müde werden, die bezauberndste Erscheinung der Natur in zarten Worten und Weisen zu feiern. Das Kind aber sitzt wie ein neuer Schmuck und Reiz der Weiblichkeit auf dem Schoße der Mutter, und selten nimmt es der Dichter von diesem seligen Ruhesitz auf, um es in die Arme zu schließen und es zu herzen und zu küssen. Und doch, welche Macht übt solch kleines Gewächs über uns aus, wie greift es ein in den Gang unseres Lebens! Es ist die hochmütigste Täuschung, wenn wir uns erhaben dünken über diese zapplige, vielbegehrliche Brut, denn wenn wir es genau überschlagen, sind wir in den meisten Fällen die Kinder unserer Kinder, wenn nicht noch schlimmer, ihre Narren. Wir glauben Kinder zu machen und werden von ihnen gemacht, wir glauben Kinder zu erziehen und werden von ihnen erzogen. Und dies letztere zwar in einem ganz guten Sinne. In unsere künstlichen Verhältnisse hinein wird uns plötzlich ein so kleiner Naturbursche geboren. Wie nackt, wie ungezogen, wie unschicklich nach unserem verfeinerten Begriffe ist solch ein Persönchen, wie eigensinnig, wie despotisch macht es seine Wünsche geltend! Von der Brust der Mutter nimmt es Besitz wie von einem ewigen Menschenrechte und erfüllt die Luft mit einem Geschrei, als ob außer ihm kein Mensch auf der Welt wäre. Aber eben dieses unwidersprechliche Gebahren macht uns dieses kleine Ding lieb und wert; es tritt uns als eine Natur entgegen, als ein gebieterischer Wille, dessen Vernunft wir einsehen. Wie sich in diesem anfangs blinden Willen die Geisteskräfte regen, wie das Auge sehend wird, das Ohr hörend, und wie der Wunsch nach und nach das Wort findet, das ist mit jedem neugeborenen Kinde ein neues Wunder und für den liebend beobachtenden Menschen ein Schauspiel, dessen Reize sich niemals erschöpfen. Diese geschlossen und sicher vordringende Natur des Kindes und diese liebevolle Versenkung in sein Wesen machen die Tatsache begreiflich, daß nach dem Urteile der Eltern jedes Kind das schönste und gescheiteste ist. Auch der gemeine Mann spürt aus dem Kinde die aus einer ungeschulten, unzerstreuten Natur entspringende Genialität heraus, und den Nüchternsten macht sein kleines Mädchen, das nach dem Monde greift, auf Augenblicke zum Poeten. Die Kinder machen und erhalten uns jung, und selbst der Kummer und die Sorgen, die sie uns bereiten, idealisieren unser Leben.

Wenn wir daher Weihnachtsbäume aufputzen und sie mit

Lichtern bestecken, so tragen wir unseren kleinen Erziehern in gewissem Sinne den Zoll unseres Dankes ab. Ich möchte heute in viele Fenster hineinsehen und den Wetteifer des Glückes auf den Gesichtern der Kleinen und Großen lesen; den lärmenden Drang in kindervollen Stuben möchte ich belauschen, wie die stillere Seligkeit von Eltern, die nur ein einziges Kind – ein »zitterndes Glück« – ihr eigen nennen. An kranke Kinder darf ich gar nicht denken zur Weihnachtszeit, noch weniger mag ich mir vorstellen, daß der Tod irgendwo angeklopft und ein junges Seelchen flügge gemacht hat. Ich kann keinen Trost bringen, wo ich ihn selbst entbehren müßte. Aber eurer möchte ich gedenken, ihr gedrückten Wesen, die ihr den hellen Schein der Kerzen scheut und euch in einen Winkel des Zimmers drückt. Was ist es denn, das euch Kümmernis bereitet? Daß du auf dem linken Bein ein wenig hinkst, du guter Junge, laß dich's nicht anfechten; deine Beine sind gerade genug, um deine Pflicht zu tun. Und du, mit deinen blonden Zöpfen, du verständiges Gesicht, gräme dich nicht allzusehr, daß dir die eine Schulter verschoben ist; du hast Humor und zugreifendes Geschick, du wirst geraden Schultern zum Trotz einst als guter Geist des Haushaltes walten. Ihr werdet zutraulicher, ihr Bresthaften, und kommt alle nach und nach aus dem Winkel hervor. Seht, ich habe nichts, euch zu trösten, als guten Willen und gute Worte. Sind wir im allgemeinen Ebenbilder Gottes, so zeigt sich in euch der verstauchte, der verrenkte Gott. Er erträgt es, und ihr solltet es nicht ertragen können? Wollt ihr aber wissen, welche köstlichen Geheimnisse ihr in euren bresthaften Gliedmaßen berget, so will ich euch ein Märchen erzählen, welches so wahr ist wie das große Märchen von der Weltschöpfung und Weltregierung, und vielleicht wahrer, weil es sich einfach als Märchen gibt. Zwar nicht ich selbst, so sehr ich es wollte, habe dieses Märchen erfunden, sondern ein anderer deutscher Mann, der im jüngsten großen

Völkerkampfe vor Paris gelegen und in den Mußestunden, die ihm seine harte Arbeit ließ, ein Bändchen »Träumereien an französischen Kaminen« für Weib und Kinder zusammengeschrieben hat. Ein junger Doktor der Weltweisheit aus Schwaben hat dieses kleine Buch meinen Kindern im vorigen Sommer als Gastgeschenk zurückgelassen. »'s ischt a schön's Büchle,« sagte er in seiner traulichen Mundart, »für das ich begeistert bin, und für das ich von jedem rechtschaffenen Menschen Begeisterung fordere.« Ich ließ es mir von meinen Kindern vorlesen, und so ist mir das Buch, in welchem neben dem sinnigen Menschen ein arger Schalk steckt, recht ans Herz gewachsen. Ich versprach also meiner lieben Gemeinde von bresthaften Kindern, ein Märchen daraus mitzuteilen, muß jedoch früher von ihr Abschied nehmen, denn wer wollte mich noch lesen, wenn der Dichter gesprochen hat? Auch fürchte ich einen Regen und trübe Augen und mag nicht gern dabei sein, wenn Menschen gerührt sind. Das schöne Märchen heißt also und lautet:

Das kleine bucklige Mädchen.

Es war einmal eine Frau, die hatte ein einziges Töchterchen, das war sehr klein und blaß und wohl etwas anders wie andere Kinder. Denn wenn die Frau mit ihm ausging, blieben oft die Leute stehen, sahen dem Kinde nach und raunten sich etwas zu. Wenn dann das kleine Mädchen seine Mutter fragte, weshalb die Leute es so sonderbar ansähen, entgegnete die Mutter jedesmal: »Weil du ein so wunderhübsches neues Kleidchen anhast.« Darauf gab sich die Kleine zufrieden. Kamen sie jedoch nach Hause zurück, so nahm die Mutter ihr Töchterchen auf die Arme, küßte es wieder und immer wieder und sagte: »Du lieber, süßer Herzensengel, was soll aus dir werden, wenn ich einmal tot bin? Kein Mensch weiß es, was du für ein lieber Engel bist, nicht einmal dein Vater!«

Nach einiger Zeit wurde die Mutter plötzlich krank, und am neunten Tage starb sie. Da warf sich der Vater des kleinen Mädchens verzweifelt auf das Totenbett und wollte sich mit seiner Frau begraben lassen. Seine Freunde jedoch redeten ihm zu und trösteten ihn; da ließ er es, und nach einem Jahre nahm er sich eine andere Frau, schöner, jünger und reicher als die erste, aber so gut war sie lange nicht.

Und das kleine Mädchen hatte die ganze Zeit, seit seine Mutter gestorben war, jeden Tag von früh bis abends in der Stube auf dem Fensterbrett gesessen; denn es fand sich niemand, der mit ihm ausgehen wollte. Es war noch blässer geworden, und gewachsen war es in dem letzten Jahre gar nicht.

Als nun die neue Mutter ins Haus kam, dachte es: »Jetzt wirst du wieder spazieren gehen, vor die Stadt, im lustigen Sonnenschein auf den hübschen Wegen, an denen die schönen Sträucher und Blumen stehen, und wo die vielen geputzten Menschen sind.« Denn es wohnte in einem kleinen, engen Gäßchen, in welches die Sonne nur selten hineinschien; und wenn man auf dem Fensterbrett saß, sah man nur ein Stückchen blauen Himmels, so groß wie ein Taschentuch. Die neue Mutter ging auch jeden Tag aus, vormittags und nachmittags. Dazu zog sie jedesmal ein wunderschönes buntes Kleid an, viel schöner als die alte Mutter je eins besessen hatte. Doch das kleine Mädchen nahm sie nie mit sich.

Da faßte sich das letztere endlich ein Herz, und eines Tages bat es sie recht inständig, sie möchte es doch mitnehmen. Allein die neue Mutter schlug es ihr rund ab, indem sie sagte: »Du bist wohl nicht recht gescheit! Was sollen wohl die Leute denken, wenn ich mich mit dir sehen lasse? Du bist ja ganz bucklig. Bucklige Kinder gehen nie spazieren, die bleiben immer zu Hause.«

Darauf wurde das kleine Mädchen ganz still, und sobald die neue Mutter das Haus verlassen, stellte es sich auf einen Stuhl und besah sich im Spiegel; und wirklich, es war bucklig, sehr bucklig! Da setzte es sich wieder auf sein Fensterbrett und sah hinab auf die Straße, und dachte an seine gute alte Mutter, die es doch jeden Tag mitgenommen hatte. Dann dachte es wieder an seinen Buckel:

»Was nur da drin ist?« sagte es zu sich selbst, »es muß doch etwas in so einem Buckel drin sein.«

Und der Sommer verging, und als der Winter kam, war das kleine Mädchen noch blässer und so schwach geworden, daß es sich gar nicht mehr auf das Fensterbrett setzen konnte, sondern stets im Bett liegen mußte. Und als die Schneeglöckchen ihre ersten grünen Spitzchen aus der Erde hervorstreckten, kam eines Nachts die alte gute Mutter zu ihm und erzählte ihm, wie golden und herrlich es im Himmel aussähe.

Am andern Morgen war das kleine Mädchen tot.

»Weine nicht, Mann!« sagte die neue Mutter; »es ist für das arme Kind so am besten!« Und der Mann erwiderte kein Wort, sondern nickte stumm mit dem Kopfe.

Als nun das kleine Mädchen begraben war, kam ein Engel mit großen, weißen Schwanenflügeln vom Himmel herabgeflogen, setzte sich neben das Grab und klopfte daran, als wenn es eine Tür wäre. Alsbald kam das kleine Mädchen aus dem Grabe hervor, und der Engel erzählte ihm, er sei gekommen, um es zu seiner Mutter in den Himmel zu holen. Da fragte das kleine Mädchen schüchtern, ob denn bucklige Kinder auch in den Himmel kämen. Es könne sich das gar nicht vorstellen, weil es doch im Himmel so schön und vornehm wäre.

Jedoch der Engel erwiderte: »Du gutes, liebes Kind, du bist ja gar nicht mehr bucklig!« und berührte ihm den Rücken mit seiner weißen Hand. Da fiel der alte garstige Buckel ab wie eine große hohle Schale. Und was war darin?

Zwei herrliche, weiße Engelflügel! Die spannte es aus, als wenn es schon immer fliegen gekonnt hätte, und flog mit dem Engel durch den blitzenden Sonnenschein in den blauen Himmel hinauf. Auf dem höchsten Platze im Himmel aber saß seine gute alte Mutter und breitete ihm die Arme entgegen. Der flog es gerade auf den Schoß.

(Am 25. Dezember 1872)

Einsame Spatzen

Es gibt einen grauen Vogel mit scharfen Augen und spitzem Schnabel, der in der Naturgeschichte des Volkes der einsame Spatz genannt wird, und der trotz seines angriffigen Wesens eine Fülle von Gesang und Wohllaut in sich birgt. Er hat es gerne, wenn er gereizt wird, ja gerade der Herausforderung gegenüber, der er sich mit Vergnügen stellt, schlägt er seine tapfersten Töne und kecksten Weisen an. Will man ihn aber besser und ganz kennen lernen, so muß man sich in einen Hinterhalt stellen, ihn belauschen. Ferner Lärm, zumal das wunderlich zusammengesetzte Weltgeräusch, in welchem hinter dem Wagengerassel alle Freuden und Leiden der Kreatur nachhallen, regt ihn an, macht ihn mitteilsam. Dann zieht er wundersame Klangfäden aus seiner Kehle, mißt den Umfang seiner Stimme, ergeht sich, alle Stärkegrade des Tones versuchend, im Flüstern, im Anschwellen, im Schmettern, und indem er sich in seinem eigenen Gesange berauscht, scheint er mit sich selbst zu wetteifern. Die Welt, von der ihn sein Käfig trennt, blüht in seinen Liedern auf.

Der graue Vogel, den wir an die Wand gemalt, treibt auch in der menschlichen Gesellschaft sein Wesen. Wir brauchen ihn nicht zu nennen, es nennt ihn sofort jeder selbst: der Junggeselle, der Hagestolz. Wir meinen natürlich nicht die Junggesellen, die, nur sich selbst kennend, zu Egoisten versteinert sind, noch jene Hagestolzen, die, als wahre Familienverderber, sich in ein fremdes Nest setzen und sich an einem Feuer wärmen, das ein anderer angezündet hat.

Die Junggesellen, die wir meinen, sind vielmehr jene redlichen Leute, welche, durch Mißgeschick oder Ungeschick vereinsamt, die Bestimmung des Menschen nur einseitig haben erfüllen können und diese Halbheit zeitlebens als einen Mangel fühlen. Um es kurz zu sagen: ihrem Leben fehlt das Weib, das Kind, mögen sie es nun eingestehen oder in unbewachten Augenblicken nur sich selbst bekennen. Kein Wunder daher, daß die großen allgemeinen Familienfeste, die der Jahreslauf mit sich bringt, für sie die schlimmsten Tage sind. Besonders zu Weihnachten, wenn der grüne Wald ins Haus wächst und die großen Kinderaugen noch heller leuchten, als die Wachskerzen auf den herabnickenden Tannenzweigen, wird diesen verlassenen Menschen weh ums Gemüt, und sie fühlen es stärker als je, daß sie bei solchen Gelegenheiten, wo selbst auf die Dienstmagd ein Strahl des allgemeinen Glückes fällt, so recht vor der Tür stehen. Und niemand möge es versuchen, einen Junggesellen an einem solchen Tage zu trösten. Der echte Junggeselle will nicht getröstet sein, er will, einmal unglücklich, auch den Genuß seines Unglücks haben. Wenn er merkt, daß der Weihnachtsbaum angezündet wird – die Helligkeit beißt ihm in die Augen – schleicht er die Gassen entlang und verschwindet in einem Hause, von dessen Tor herab ein Tannenzweig die Vorübergehenden grüßt. Es ist eine Weinstube.

Der verstimmte Weltflüchtling setzt sich in eine Ecke, von welcher aus er den Schanktisch überblickt. Die Stube ist leer und erscheint noch leerer, weil sie hell erleuchtet ist. Die Wanduhr pendelt scharf und bestimmt, wie das Gewissen der Zeit; nur manchmal scheint sie in Gedanken anzuhalten, aber dem weiter ausgeholten Pendelschlage folgt ein beschleunigter, und das Gleichgewicht ist wieder hergestellt. Der Ofen wärmt den einsamen Gast wohltuend an. Eine Flasche Wein! Nachdenklich leert er das erste Glas, das zweite rascher. Der Schanktisch fesselt seinen Blick, wo zu oberst die blanken Weinkühler glänzen, die einen in geradlinigen Lichtern, die anderen mit der ganzen Fläche; das Auge gleitet zu einigen geschliffenen Kristallgläsern herab, die das Licht buntfarbig und so unruhig brechen, als hätten sie etwas mitzuteilen. Ein Glas und wieder ein Glas! Während der stille Zecher den Schanktisch nicht aus dem Auge läßt, ohne indessen den Glanz der funkelnden Geschirre mehr wahrzunehmen, vernimmt er das ferne Rollen eines Wagens, welches sein Ohr für das stets in der Luft webende Geräusch, das man Weltgeräusch nennen kann, erschließt. Er horcht tiefer und tiefer hinein in dieses Geräusch, er will es in seinen einzelnen Bestandteilen erraten, erkennen. Nach und nach scheinen sich Töne loszulösen aus diesem Chaos, ein Ton, zwei Töne, drei – ein zusammengestimmter Dreiklang von wohlbekannten Stimmen. Der erste Ton kommt aus einem lebendigen Munde; er klingt so warm, so tief, so zum Herzen sprechend, und siehe, da erscheint sie ja selbst, die Mutter, wie er sie in seinen jungen Jahren gekannt. Sie nimmt ihn bei der Hand, hebt ihn auf den Arm, küßt ihn. Dann trägt sie ihn zu einem kleinen Bette, worin ein kleines rosiges Mädchen liegt und lacht. Es ist seine Schwester, der zweite Ton, den er gehört. Nun umfängt ihn eine Atmosphäre, wie er sie lange nicht empfunden: eine gemütliche Wärmestrahlung, eine humanisierte Luft – die Atmosphäre der Familie. Er steht vor dem Weihnachtsbaum; er holt rote Ostereier unter dem Bette hervor; er betrachtet die Birkenrute über dem Spiegel mit geheimem Respekt. Er hört den Vater abwechselnd freundlich und strenge reden – er sieht ihn nicht, denn der Vater ist jung gestorben. Dann die schönen Stunden und Tage mit seiner Schwester: diese rückhaltlose Mitteilung, diese unschuldige Zärtlichkeit, diese Liebe ohne Nebengedanken – ja, denkt sich der stille Zecher, der wieder ein Glas leert, wen der Himmel liebt, dem gibt er eine Schwester ... Und die dritte Stimme, die höchste des Dreiklangs? Der einsame Gast blickt sinnend in sein Weinglas. Wie Weihrauchduft steigt es auf, und er glaubt in der Kirche zu sein. Eine Trauung wird vollzogen; aber das Mädchen, an dessen reizender Gestalt sein Auge hängt, reicht einem fremden Manne die Hand. Dieses Ja aus geliebtem Munde, wie hat es geschmerzt, wie schmerzt es noch! Ein Wort zur unrechten Zeit, wie das meinige, das sie mir entfremdet! Und wieder leerte er ein Glas, seufzte und fuhr mit der Hand über die Stirne. Der schöne Dreiklang begann abzuklingen, herab vom höchsten Tone an, und nur der Grundton, der von der Mutter kam, hielt länger an, bis er sich in das allgemein summende Geräusch auflöste, das von dem Rollen eines vorüberfahrenden Wagens verschlungen wurde. Wieder glänzten die Weinkühler über dem Schanktische, und die Kristallgläser fingen das Licht auf und brachen es in bunten Strahlen. Auf der Wanduhr, die geräuschvoll ausholte, schlug es 1 Uhr.

Durch einsame Gassen schlich der stille Zecher nach Hause. In seiner Stube angekommen, stellte er das Licht vor einen großen Käfig, in welchem ein grauer Vogel, ein einsamer Spatz saß. Er reizte ihn mit den Fingern, und das muntere Tier flog mit hellem Pfiff auf ihn los. »Armer Kerl!« rief er dem Vogel zu, »wo hast du dein Weibchen?« Und statt aller Antwort fing der Spatz so schön zu singen an, daß der Frager wie gebannt stand und horchte. »Du hast recht, gutes Tier, wer nicht lieben darf, muß singen. Und habe ich heute nicht auch auf meine Weise gesungen, innerlich, wenn auch tonlos? Und überdies, ich habe es doch viel besser als du, abgesehen von den vielen darbenden Mädchenherzen, denen doch die Liebe alles sein sollte. Ich bin ein Mann, und dem Manne gehört die ganze Welt.«

(Am 25. Dezember 1883)

Alte Mädchen

Wie gewöhnlich, wenn die Weihnachtszeit herannaht, habe ich wieder die Nase voll Tannenduft, und diese von der Kindheit her vererbte angenehme Gewohnheit, die ich noch jetzt in jedem Sinne grün nennen möchte, stimmt mich mitteilsam, soweit ein von Natur so kurz angebundener Mensch auf solche freigebige Bezeichnung Anspruch machen darf. Doch schäme sich des Kindes in ihm, wer da will – wir wollen nicht die Philister sein, die altklug von der Höhe ihrer Weisheit herabschauen, wenn unseren Kindern der Wald ins Haus wächst und in jedem Tannenwedel das Harz sich rührt und das warme Gemach mit Wohlgeruch erfüllt. Das ist der wahre Duft der Seligkeit, die Atmosphäre des Kinderhimmels. Das riecht nach Glück und bringt es auch, erschiene es nun in Gestalt von funkelnden Diamanten oder vergoldeten Walnüssen. Ich höre es wieder in den Wänden rieseln, als ob tausend geschäftige Geister ihr Wesen trieben; die Türklinke knackt leise, ohne daß jemand in die Stube tritt, und ein Rascheln und Flüstern geht durch das Haus, welches man nicht allein dem geschüttelten Rauschgold zuschreiben möchte. Die Familiengeister gehen um, zumal der hundertfältig sich teilende Geist der Mutter, der jedes Bedürfnis kennt und wahrt, vom aufgezogenen Saume des zu langen Unterröckchens bis zum Seelenheile des kleinen Naturheiden, der ihrem Schoße entsprossen. Zwischendurch, wenn eine ferne Tür aufgeht, erschallt frisches Kindergelächter, oder ein zärtlich fortgescholtenes neugieriges Gesicht guckt in das Zimmer herein. Aber die heranwachsenden Mädchen sind schon vom Geiste der Mutter beseelt, denn während die Gute selbst, jeden Wunsch bedenkend, den Familienbaum rüstet, putzen sie für arme Kinder eine kleine Tanne, auf deren Spitze sie ein nacktes Knäblein setzen, welches sehr gesund aussieht, und von dem in kindlichen Kreisen die Sage geht, daß es die Welt erlöst habe. Und die Sage hat recht. Kinder, kleine wie große – wenn sie groß geworden, heißt man sie Genies – erlösen die Welt noch täglich, und am heutigen Kindertage, ihr Kleinen, ist unsere Seligkeit nur ein Abglanz der eurigen. Die kleinen Heilande blicken uns aus ihren großen Kinderaugen erstaunt an; sie kennen die arge Welt noch nicht und spielen lächelnd mit einer Passionsblume.

Wenn ich aber bei den Kindern dankbar zu Gast sitze und mich an ihrer Seligkeit sonne, so muß ich jedesmal der Stiefkinder des Glückes gedenken, denen der Himmel nur graue Tage und öde Nächte beschert. Ich will nicht von den Armen reden, denn was ist arm und reich? Wir sind nie reich genug, um den hohen Flug unserer Wünsche zu erreichen, und selten so arm, daß wir nicht täglich einen Sonnenstrahl der Freude einfangen könnten. Ich will von wahrhaft armen Wesen sprechen, die so oft, wenn alles sich freut, traurig beiseite stehen, traurig und unbeachtet, wenn nicht gar verachtet. Diese Aschenbrödel der bürgerlichen Gesellschaft, am Weihnachtstage, als dem Feste der Kinder, doppelte Aschenbrödel, sind – das Wort will kaum aus der Feder – die alten Mädchen. Alte Mädchen! Mädchen und alt! Es besteht ein solcher Widerspruch zwischen diesen beiden Wörtern, daß sie selbst erstaunt sind, so hart nebeneinander zu stehen. Mädchen – ein Geschöpf voll Verheißung, eine blühende Anweisung auf Leben, Genuß und Glück! Und alt – der Abgrund alles Unwünschenswerten!

So grausam aber diese Bezeichnung auch sein mag, sie ist

nicht grausamer als das Geschick der damit Bezeichneten. Ein altes Mädchen sein, heißt ein Schicksal tragen, an welchem eigene Verschuldung nur in den seltensten Fällen einen bedeutenden Anteil hat. Man ist meistens ein altes Mädchen, wie man ein Genie ist: ohne Verdienst oder Schuld, nur mit dem schneidenden Unterschied, daß dem Genie, weil es das selbstverständlich Göttliche ist, alles als Verdienst, dem alten Mädchen aber, weil es ein schicksalsvolles Unglück trägt, alles als Schuld angerechnet wird. Es gibt im strengsten Sinne notwendigerweise alte Mädchen: Natur und gesellschaftliche Verhältnisse wollen es so; was aber notwendig ist, gerade das an mir verspottet und verlacht zu sehen, ist das unbarmherzigste und unerträglichste. Ein altes Mädchen fordert, wenn nicht Mitleid, doch Mitgefühl heraus.

Schon in frühen Zeiten hat die Frage der alten Mädchen die Geister beschäftigt. Mit seiner heiteren Anschaulichkeit schildert der Vater der Geschichte eine babylonische Sitte, die es mit unserem Gegenstande zu tun hat. »In jedem Dorfe,« erzählt Herodot, »wird alle Jahre einmal also getan: Wenn die Mädchen mannbar geworden, so mußten sie alle zusammengebracht und auf einen Haufen geführt werden. Ringsumher stand die Schar der Männer. Sodann hieß der Ausrufer eine nach der andern aufstehen und versteigerte sie. Zuerst die allerschönste; dann, sobald diese um vieles Geld erstanden war, rief er eine andere aus, welche nächst dieser die schönste war, aber alle mit dem Beding, daß sie geehelicht würden. Was nun die Reichen unter den Babyloniern waren, die da heiraten wollten, die überboten einander, um die Schönste zu bekommen; was aber gemeine Leute waren, denen es nicht um Schönheit zu tun war, die bekamen die häßlichen Mädchen und noch Geld dazu. Denn wenn der Ausrufer alle schönen Mädchen verkauft hatte, so mußte die Häßlichste aufstehen, und nun rief er diese aus, bis sie dem Mindestfordernden zugeschlagen wurde. Das Geld aber kam ein von den schönen Mädchen, und auf diese Art brachten die schönen die häßlichen an den Mann ...« So weit Herodot. Dieser babylonischen Methode, eine soziale Frage zu lösen, hängt doch, vom übrigen Bedenklichen abgesehen, ein großer Fehler an: sie legt einen schwankenden Maßstab zugrunde. Denn was ist häßlich? Es gibt immer noch eine Häßlichere, also keine unbedingt Häßliche. Häßlich sein, ist noch kein Hindernis, reizend zu sein, und wie oft – es gehört zu den Geheimnissen der Liebe – werden die schönsten Männer von häßlichen Frauen beseligt. Häßliche Mädchen, die ihre schöne Seele nicht an den Mann gebracht haben, sind die Minderzahl unter den alten Mädchen.

Man wird aus allen möglichen Gründen ein altes Mädchen, aber zumeist, weil die Natur die Geschlechter ungleich verteilt hat und weil die Verhältnisse der bürgerlichen Gesellschaft nicht danach angetan sind, das gesamte Liebeskapital der Mädchen fruchtbringend anzulegen. So sind die meisten alten Mädchen reine Opfer. Alle die verschiedensten menschlichen Motive spielen zwischendurch. Das alte Mädchen ist oft aller Romantik voll. Sie hat einen Roman gehabt, einen erlebten oder einen erträumten. Er ist ihr gestorben, er hat sie für eine andere verlassen, oder er hat ihr stilles Werben nicht bemerkt. Sie hat ihr Glück vielleicht versäumt, es unbedacht ausgeschlagen, oder es ist nie so nahe an sie herangetreten, daß sie es mit der Hand erreichen konnte. Sie sieht sich von der höchsten Aufgabe der Frauen ausgeschlossen, und der Kummer darüber geht ihr zeitlebens nach, wenn sie nicht zufällig eine Amazone oder eine Heilige ist. Manche nennen sie glücklich, denn wenn sie die Freude nicht habe, so fehle ihr dafür auch das Leid. Daß sie aber auch die Freude des Leids nicht hat, das vergessen die meisten. Glück im höchsten Sinne zu gewähren, ist ihr benommen. Frauen können so beglücken, daß in ihnen selbst, sogar unter Kummer und Sorgen, eine Fülle des Glücks wohnen muß. Oder ist nur diese überschwengliche Fähigkeit, beglücken zu können, ihr wahres Glück? Ein unberührter Schatz von Liebe ruht oft in dem Herzen alter Mädchen und geht ungenützt mit ihnen zu Grabe. Ihre verfehlte Bestimmung können sie nicht vergessen, selbst wenn sie ihr Leid ins Kloster tragen. Die Nonne noch spielt mit der Liebe, mit der Ehe. Da ihr das Nächste nicht erreichbar gewesen, streckt sie die Arme nach dem Fernsten aus; aber nur, um es ihren Bräutigam zu nennen. Schöner sieht man alte Mädchen in irdischer Tätigkeit walten, indem sie, wenn auch innerlich verblutend und ihre Tränen verschluckend, zu Schutzgenien ihrer jüngeren Geschwister, ihrer Familie oder gar fremder Kinder werden. Würden sie hassen, so hätten sie ihr Los verdient.

Ich sehe etwas Heiliges in guten alten Mädchen, wie überhaupt im Unglück, wo über der eigenen Verschuldung, falls sie vorhanden, eine höhere Macht entscheidend gewaltet hat. Man wird mich wohl am Ende als den Pindar der alten Jungfern verlachen. Sei es drum! Tausende mögen mich verspotten, wenn ich am heutigen Freudentage nur einem jener Wesen, die zu den Opfern der Gesellschaft gehören, mit einem einzigen Worte wohlgetan habe.

(Am 25. Dezember 1876)

Frauenalter

So weit ich die Frauen kenne, ist es der sehnlichste ihrer Wünsche, gleich den olympischen Göttern in ewig blühender Jugend zu leben, und die schwerste ihrer Kümmernisse, einem reizlosen Alter anheimzufallen. Der Kampf, den eine Frau gegen das auf sie eindringende Alter besteht, ist in keinem Heldengedicht verzeichnet, obwohl er hartnäckiger und erbitterter sein kann als irgendein anderer Kampf; er hat seine wechselnden Erfolge, sein Hin- und Widerschwanken, seine Ausfälle und Ratschläge, und schließlich, da das Alter doch unbesiegbar scheint, seine stumme, gramvolle Niederlage. Nichts gleicht an schmerzlicher Kraft den stillen Tränen, den erwürgten Seufzern, dem innerlichen Verbluten einer stolzen Frau, deren welker Hand das Zepter entfällt, mit dem sie über die Herzen zu gebieten lange gewohnt war. Solches Schicksal scheint bitterer zu sein als der Tod, denn es verlangt von dem Menschen, daß er sich selbst überlebe. Wenn sich die Frauen gegen das Alter sträuben, so haben sie ihre guten Gründe. Der Abschied von der Jugend, zuletzt von dem Schein der Jugend, den auf die Wange festzubannen alle Spezereien Arabiens nicht mehr vermögend sind, verurteilt sie in den Augen der Welt zu einer geradezu beschämenden Rolle; lange gelebt zu haben, wird ihnen als eine Art Verbrechen ausgelegt, und zwei Worte, die man vor Frauen nie aussprechen sollte, die Worte: alt und häßlich, werden ihnen mehr oder minder deutlich zu verkosten gegeben, ja die Reigenführer solcher Unart sind zumeist alte Männer.

Welcher Undank in dieser schnöden Auffassung des Frauenalters liegt, braucht man wohl kaum zu sagen. Für wen werden sie denn alt, als für uns und unsere Kinder? Was erschöpft ihre Jugend, als die großherzige Freigebigkeit, mit welcher sie Freuden gewähren und Schmerzen übernehmen? Wie oft sind die frühzeitigen Falten in ihrem Gesicht nichts anderes als die Furchen des Kummers, den ihnen die Ihrigen bereitet, als das Rinnsal der Tränen, die sie um uns geweint haben? Wir vernichten sie und verachten sie – eine Barbarei, deren nicht einmal der vom Himmel vergessene Mann fähig sein sollte, welcher junge Frauenliebe nur flüchtig genossen und nicht ihre mit den Jahren wachsende Kraft und Innigkeit an sich erprobt hat. Was man einmal recht von Herzen geliebt, das, sollte man meinen, könnte nicht altern, und die älter werdenden Augen müßten es immer jung erblicken. »Ihr blüht!« müßte man zu den weißen Haaren sagen, und zu der Falte um den Mund: »Du lächelst!« und das ist keine Lüge, sondern nur das Wunder der Liebe. Dieses Wunder häufiger zu machen, liegt zu einem guten Teil in der Hand der Frauen, und wenn ich zuerst die Männer angeklagt habe, so mögen es auch die Frauen dulden, wenn ich sie – nicht etwa gleichfalls anklage, sondern nur ein klein wenig ins Gebet nehme. Da möchte ich nun sagen, daß viele Frauen die Kunst nicht verstehen, mit dem Alter sich auf einen freundschaftlichen Fuß zu setzen, daß sie bald zu alt sind für ihre Jahre, bald zu jugendlich (nicht etwa zu jung) für ihr Alter. Ferne sei es von mir, den Schulmeister zu spielen, wozu mir die Natur jede Anlage versagt hat, und den Schulmeister vollends gegenüber den Frauen, die einen Pedanten höchstens heiraten, aber nie von ihm lernen; ich will nur einige Meinungen mitteilen, die sich um das angeschlagene Thema drehen – Meinungen, die ebenso schlicht als unmaßgeblich sind. Es ist heute Weihnachtsabend, das Fest der Kinder und jungen Leute, und wenn ich von meinem Papier aufsehe, erblicke ich, in Gläser gestellt, schlanke Barbarazweige, welche die grünen Augen öffnen, und die rührende Jerichorose, die, gestern noch dürr und kahl, im Wasser aufquillt und ihre Dolden füllt. Ich kann heute an nichts Altes glauben, am wenigsten an das Alter der Frauen.

Als die natürlichen Verwalterinnen der Schönheit und der Anmut glauben die meisten Frauen ihrer Aufgabe nicht mehr gewachsen zu sein, sobald die Jugend von ihnen gewichen ist, und sie lassen sich entweder fallen oder bilden sich eine künstliche Jugend an. Beides ist falsch und entstellt die Frauen. Was nicht einmal in der Dichtung und Kunst gültig ist, wo jedes Alter seine ihm eigentümliche Schönheit entfaltet, wie kann das Geltung haben auf dem der Sinnlichkeit doch mehr entfremdeten sittlichen Gebiete? Auch im Wohlwollen und in der Güte kann Schönheit und Anmut liegen, und man spricht nicht umsonst von einer sittlichen Grazie. Es ist mein Lieblingswort, daß jedes Alter seine Jugend habe und daß es nur darauf ankomme, sich aus der einen Jugend in die andere hinüberzuretten. Ein reifes Mädchen wird eine junge Mutter, und sie kann jung bleiben bis hinauf zur Großmutter und Urgroßmutter. Das Entscheidende liegt nur immer darin, daß man die Gesinnung seines Alters habe *(l'esprit de son âge)*. Man muß sich gegen die anrückenden Jahre weder trotzig stemmen, noch ihnen feige weichen; wer sich ihnen widersetzt, den schleppen sie bei den Haaren mit sich; wer ihnen aber freundlich entgegengeht, den führen sie freundlich an der Hand. Das schlimmste aber ist und den Männern gegenüber das allerunklugste, wenn eine Frau vor dem Alter sofort die Waffen streckt; das macht am ältesten, denn die Frau, die sich gegen ihren Feind verzweifelt wehrt, wird wenigstens für kurze Zeit, freilich mit einem um so heftigeren Rückschlag, die Schönheit der Energie besitzen. In vielen Fällen ist es die Angst vor dem Alter, welches die Frauen altern macht; sie verzehrt das Kapital der gegenwärtigen Kraft und macht leichtsinnig Anlehen bei einer späteren Altersstufe. Die Jugend in das Alter hineinzuziehen oder das Alter vorwegzunehmen, kleidet eine Frau gleich übel. Gefallend kann, ja muß sie immer sein; Gefallsucht aber macht das Alter älter. Die Kunst der Einfachheit sollte sich mit der größeren Reife immer mehr vervollkommnen. Keine Koketterie haben, ist auch eine, und vielleicht die feinste. Damit kann sich ein Zug von Mädchenhaftigkeit verbinden, eine bei aller Erfahrung erhaltene Unschuld und Frische der Seele, die ich schon bei siebzigjährigen Frauen angetroffen und bewundert habe. Daß das Alter schlechter macht, könnte man gewissen Erscheinungen gegenüber wohl glauben; aber man kann mit derselben Berechtigung wohl sagen, daß es besser mache. Das Wahre an der Sache wird aber wohl sein, daß das Alter weder schlechter noch besser macht, sondern einfach alle Geheimnisse des Charakters aus dem Menschen heraustreibt. Die Aufgabe der Frau wird es sein, solche hervorschießende Spitzen des Charakters an sich und anderen umzubiegen. Um sich aber unter allen Umständen jung zu erhalten, pflege sie bei sich eine Liebe, ein Interesse, welches sie für die Welt nicht absterben läßt. Ein Weib ohne Liebe gibt sich selbst auf, denn ob sie jünger oder älter sei, die Liebe ist das große Geschäft ihres Lebens. Auch höheren geistigen Interessen, die doch das Salz der Seele sind, bleibe sie nicht fremd, und was in Literatur, Kunst und im großen Weltleben sich regt, trete immerhin an sie heran. Die Feder benütze sie nur zum Briefschreiben, worin die Frauen Meister sind; denn literarische Hervorbringungen sind mit einer Verletzung der weiblichen Schamhaftigkeit verknüpft, welche kaum durch die große Bedeutung des Hervorgebrachten entschuldigt wird. Eine gute und anmutige Frau, welche nicht dichtet, steht mir höher als eine dichtende Frau, denn sie ist selber ein Gedicht.

Das sind nur einige Schlagworte zur Kunst, jung zu bleiben; aber ich werfe sie getrosten Mutes aus, daß sie als gesunder Samen in den Herzen der Frauen wuchern mögen. Ich kann nicht weiterschreiben, denn ich höre das Rauschen des Tannenbaumes, und der ahnungsvolle Duft der Wachskerzen zieht mich vom Schreibtisch. Das ist ja das schöne Fest der Jugend und der Alten, die jung geblieben sind.

(Am 25. Dezember 1875)

's Rickele von Munterkingen

Ein philologisches Idyll

Dr. Conrad Schwälble, ein schwäbischer Privatgelehrter, der von der Theologie hergekommen – denn damals war jeder gebildete Württemberger Theologe oder Theologe wenigstens gewesen – hatte von einer Stuttgarter Verlagsbuchhandlung die Aufgabe übernommen, den Text von Schillers Werken zu säubern, in sorgsamer Abwägung des Wertes der verschiedenen Lesarten eine sogenannte kritische Ausgabe herzustellen. Zu diesem Behufe hatte er in dem benachbarten Cannstatt eine kleine, stille Wohnung gemietet, die nahe unter dem Dache lag und nur mit einem schräg angebrachten Guckfenster auf den vorüberfließenden Neckar hinaussah. Überdies hatte er sich sein Bäschen Friederike, kurzweg 's Rickele genannt, aus ihrem gemeinsamen Geburtsorte Munterkingen als Gehilfin verschrieben, ein blühendes Mädchen von achtzehn Jahren, ganz in der heimatlichen Mundart groß geworden, aber mit einem ausgesprochenen Sinn für das Höhere und Edlere, wie es in den Büchern zu finden ist. Da sie, frühzeitig verwaist, von jung auf das bittere Brot der Fremde geschmeckt, folgte sie freudig dem Rufe des verwandten Mannes. Als sie bei dem gelehrten Vetter einzog, brachte sie die volle ländliche Atmosphäre mit sich, und sie selbst sah so dorfgeschichtlich aus, daß Schwälble sie mit einigem Befremden willkommen hieß. Die hinaufgestrichenen Haare krönte ein steiles, spitzes Häubchen, von welchem lange breite Bänder, schwarz und an den Rändern ausgezackt, über den ganzen Rücken bis an die Gangadern herabflossen, den anmutigen Busen hielt ein verschnürtes Mieder mit weißen Spitzen, und der Rock war so kurz bemessen, daß er die Knöchel sehen ließ. Jeder andere, als Schwälble, wäre von dieser freundlichen Mädchenerscheinung gerührt gewesen; da er sich aber selbst aus bäuerlichen Verhältnissen herausgearbeitet, wollte er an das »Kafferntum«, wie er sich studentisch ausdrückte, nicht gern erinnert sein. Als er daher sein Bäschen zu ihrem künftigen Berufe, der darin bestand, ihm bei der Herstellung kritischer Texte behilflich zu sein, vorbereitete, legte er ihr den Wunsch nahe, sie in städtischer Tracht um sich zu sehen, die sich nicht nur für Cannstatt, sondern auch für Schiller besser schicke. »Du mußt auch die Toilette deiner höheren Aufgabe tragen!« rief der Philolog aus, um den Ehrgeiz des Mädchens zu stacheln. Wie nun das andere Geschlecht die Veränderung und die Maskerade liebt, war Friederike nicht besonders schwer zu bewegen, ihre bisherige Hülle abzustreifen und moderne Kleidung anzulegen, in die sie – von einer gewissen steifen Grazie abgesehen – rascher, als man hätte glauben sollen, hineinwuchs; doch in bezug auf das, was er ihre künftige Aufgabe nannte, stieß er auf einigen Widerstand von ihrer Seite. Ihre literarische Kunde beschränkte sich auf Bibel, Gesangbuch und auf die Gedichte und Schauspiele Schillers, die sie jahrelang mit steigender Begeisterung gelesen hatte, wenn sie, in fremdem Dienste, unartige oder kranke Kinder auf ihren Armen beruhigte oder einschläferte. Nun konnte sie mit ihrem Enthusiasmus, der ins Große und Ganze ging, die scheinbar kleinlichen Bemühungen ihres Vetters nicht vereinigen, die darauf hinausliefen, jedes einzelne Wort Schillers, das je geschrieben oder gedruckt worden, aufs Korn zu nehmen und auf seine Richtigkeit zu prüfen. Schreibfehler, Druckfehler – welche Kleinigkeit einem Genie gegenüber, das uns ja gerade über alle Grenzen des Verstandes hinausreißt! Schon einmal sei man bestrebt gewesen, ihr den Schiller zu verleiden. Sie habe sich aus seinen Dichtungen ein persönliches Bild von ihm gemacht, so schön, so glänzend, wie das keines andern Mannes. Nun habe ihr eines Tages der Barbier von Munterkingen, als er einem ihrer Pfleglinge Blutegel setzte, mit einer gewissen boshaften Beflissenheit mitgeteilt, daß Schiller ein langer, unbeholfener Mensch mit schlottrigen Knien gewesen, daß er rotes Haar, Sommersprossen, entzündliche Augen gehabt und daß er leidenschaftlich Tabak geschnupft habe. »Himmel und Erde,« habe ich ausgerufen, »das ist nicht wahr, und hab' es auch nie wahr sein lassen. Meinen Schiller trägt der italienische Figurenmann auf dem Kopfe herum, mein Schiller steht auf dem Alten Schloßplatze in Stuttgart, gar net davon zu reden, wie fescht er steht in meinem Innerschten. Ich brauch' keinen Schiller für Bartputzer und Knochenhauer!...« So konnte Friederike, als die echte Landsmännin des jugendlichen Schiller, zum Verdrusse und Schrecken ihres Vetters blitzen und wettern. Man kann sich denken, wie sie sich als arme Sünderin und verdammte Seele fühlte, wenn Schwälble aus einem Manuskripte oder einer ersten Ausgabe Schillers vorlas und sie, ihm gegenüber in einer andern Ausgabe nachlesend, von allen Unterschieden der Interpunktion und Schreibung Rechenschaft geben mußte. Sie hieß dieses Geschäft zum größten Ärger ihres Vetters »die Purpurgewänder Schillers auftrennen«. »Was Ypsilon oder I,« konnte sie dann erzürnt ausrufen, »was Strichpunkt oder Doppelpunkt – der Dichter bleibt der Dichter, und ein verdächtiges Wort – verschrieben oder verdruckt – macht uns selbst zum Dichter! Wenn ich einmal verheiratet bin, schaffe ich mir einen Reutlinger Nachdruck Schillers an, und ich freue mich schon im voraus, wie ich mich an diesem saftigen Unkraut erholen werde ...« Solchen leidenschaftlichen Ausbrüchen gegenüber, denen er freilich, ganz im Hintergrunde seines Wesens, eine gewisse Berechtigung nicht absprechen konnte, ließ sich Schwälble mit Salbung über die Würde des Textkritikers aus, und gerne bezeichnete er mit den Worten des größten deutschen Meisters dieser Wissenschaft und Kunst als die Aufgabe der philologischen Kritik: »den Schriftsteller selbst sich so ähnlich als möglich zu machen«. Dergleichen Worte glitten an dem Bäschen spurlos ab, der er ins Gesicht sagte, daß sie keinen Wahrheitssinn habe. Das ließ sie einfach auf sich beruhen, doch brachten es Zeit und Gewohnheit mit sich, daß sie sich mit ihrer Beschäftigung aussöhnte und sie mit nicht mehr Aufwand von Gedanken betrieb, als Nähen und Stricken. Auch sprach sie von beendigten Bänden als von fertig gestrickten Strümpfen.

So waren sie vom frühesten Frühling an bis in den Sommer hinein fleißig gesessen und hatten Schillers Gedichte und Dramen sämtlich ins Reine gebracht. Nun nahmen sie die Prosa-Schriften in Angriff. Es war an einem heißen Juli-Nachmittag, als sie Schillers Abhandlung: »Von den notwendigen Grenzen des Schönen, besonders im Vortrage philosophischer Wahrheiten«, zu lesen begannen. Auf dem Tische von Friederike, die dem Guckfenster gegenübersaß, stand eine Schüssel saurer Milch, und daneben hatte sie sich, wenn etwa Durst und Hunger mahnten, dünne Schnitten von Hausbrot zum Eintunken zurechtgelegt. Schwälble seinerseits machte sich mit einer mächtigen Tabakspfeife, einem sogenannten System, zu schaffen: langes Weichselrohr, Porzellankopf mit ausgeschweiftem Wassersack, beweglicher Schlauch und unendlicher Mundspitz. Er hatte sie mit gelbem Knaster gestopft und paffte jedesmal, so oft er ein Komma fehlen ließ oder einen Schlußpunkt markierte; wenn eine Stelle längeres Nachdenken in Anspruch nahm, ließ er den Rauch langsam durch die Nase streichen. So begann Schwälble mit breitem

Behagen zu lesen, und das Bäschen unterbrach ihn, wo die beiden Lesarten nicht stimmten. Darauf schrieb er, um die echte Lesart in den Text aufzunehmen und die unrichtige oder verdächtige in die Anmerkungen zu verweisen. Kaum aber hatten sie ihre Arbeit aufgenommen, als vom Neckar herauf laute Stimmen erschollen, die im Chorus das Lied sangen: »Und der Reutelinger Wein ist ein guter, guter Wein, denselben wollen wir trinken und eineweg lustig sein!« Friederike, die den Blick sofort durch das Guckfenster schießen ließ, gewahrte unten ein Schiff voll Tübinger Studenten, von denen einer auf das Vorderteil des Fahrzeuges gesprungen war und die Mütze gegen ihr Fenster schwenkte. Sie wurde rot und schlug die Augen nieder. Schwälble aber, dem bei dem Gesange der alte Student ins Blut geschossen war, schaute vom Buche auf und murmelte vor sich hin: »Eineweg lustig sein!« Dann las er weiter und weiter, ohne zu bemerken, daß die Bemerkungen des Bäschens immer seltener wurden und zuletzt ganz aufhörten. Er kam zu der Stelle der Schillerschen Abhandlung: »Bei dem wissenschaftlichen Vortrage werden die Sinne ganz und gar abgewiesen, bei dem schönen werden sie ins Interesse gezogen. Was wird die Folge davon sein? Man verschlingt eine solche Schrift, eine solche Unterhaltung mit Anteil, aber wird man um Resultate gefragt, so ist man kaum imstande, Rechenschaft davon zu geben. Und sehr natürlich! denn die Begriffe dringen zu ganzen Massen in die Seele, und der Verstand erkennt nur, wo er unterscheidet; das Gemüt verhält sich während der Lektüre viel mehr leidend als tätig, und der Geist besitzt nichts, als was er tut ...« Und Schwälble wiederholte mit Nachdruck: »Als was er tut,« indem er von Friederike eine Gegenäußerung erwartete. »Bäsle,« fragte er sie endlich, »hast du in deinem Text tut oder tat?« Da keine Antwort erfolgte und er nach ihr schaute, sah er sie zu seinem Schrecken eingenickt und die vollen

Schlummerrosen auf ihren Wangen blühen.

»Du schläfst?« rief Schwälble scharf aus, indem er das Mädchen beim Arme ergriff. Und als sie, sich ermunternd, ihre treuherzigen braunen Augen weit aufschlug, wiederholte er mit dem Ausdrucke tiefsten Unglückes: »Du schläfst!« Hierauf, als sich ihm in seiner philologischen Angst das Bild seines Stuttgarter Auftraggebers plötzlich stellte, faßte er seinen Schmerz in die Worte zusammen: »O Rickele, was wird der Herr von Cotta sagen!«

An der Ruhe der anmutigen Sünderin entzündete sich Schwälbles Zorn, und in der Aufregung seines Gemütes trat der volle Schwabe auf seine Lippen. »Noi, noi,« brach er los, indem er vom Stuhle aufsprang und die Stube mit starken Schritten maß, »noi, d' Weibsbilder hent koi wissenschaftlichs G'wisse! Was wißt ihr, mit euren Zöpfen und verhimmelten Augen, wie es einem Philologen zumut ist! Mir geht ein unterdrückter Doppelpunkt, ein unterschlagenes Ausrufungszeichen im Wachen und Traume nach, wie einem Mörder das Gespenst eines Erschlagenen. Ein Buchstabe zu viel oder zu wenig versalzt mir die Suppe, vergällt mir den Wein. Für solche Gemütsleiden habt ihr kein Verständnis, kein Gefühl!«

In ihrer Verlegenheit hatte Friederike eine Brotschnitte in die Milch getaucht und aß sie langsam ab. Schwälbles Donnerwetter ging nach einer Weile in einem warmen Regen nieder. Er setzte sich wieder zu Friederike, und indem er seine Hand auf die ihrige legte, fragte er sie mit freundlicher Stimme: »Sag, Bäsle, wo hast du denn hingedacht?« Und sie erzählte ihm hierauf, daß ihr bei seinem Lesen nach und nach die Sinne vergangen seien; daß sie an einem murmelnden Bache zu sitzen meinte, der manchmal aufrauschte und manchmal schwieg, und wie sie im Halbschlummer einen warmen Hauch in ihrem Gesichte fühlte, und wie dann, als sie die Augen öffnete, ein Mann von ihr gegangen und, schön wie eine überirdische Erscheinung, mit leuchtendem Haupte in der Abenddämmerung verschwunden sei. Schwälble lachte auf und meinte, der Engel habe wohl ausgesehen wie ein Tübinger Stiftler in den Ferien: schwarz und weiß gewürfelte weite Beinkleider mit hängenden Quasten und eine bunte Mütze auf dem Kopfe. Ein »forscher« Himmelsbürger! »Er wird wohl aus Munterkingen gebürtig sein und Fritz geheißen haben.« Friederike, die leicht errötete, sagte nicht nein, und da der Bann einmal gebrochen und der Name ihres lieben Munterkinger Kameraden, der sie erst noch vorhin vom Neckar heraufgegrüßt hatte, genannt war, rückte sie mit einer Bitte heraus, die ihr schon lange auf dem Herzen gelegen. »Du, Vetter,« sagte sie, »sei nicht bös; aber der Staudenmayer Fritz hat mir einen Spruch in mein Stammbuch geschrieben, den ich nicht lesen kann. Er sieht so dumm aus, er muß griechisch oder gar hebräisch sein.« Sie reichte dem Vetter das aufgeschlagene Buch, worin geschrieben stand:

Munterkingen, 1. Mai 1846.

... νυνὶ δὲ μένει πίστις, ἐλπὶς, ἀγάπη,
τὰ τρία ταῦτα; μείζων δὲ τούτον ἡ ἀγάπη.

Friedrich Staudenmayer,
Cand. theol.

Schwälble las mit Wohlgefallen an dem Klang der Worte: *Nyni de menei pistis, elpis, agape, ta tria tauta; meizon de tuton he agape.* »Diesen Spruch, Bäsle, mußt du dir, deines Leichtsinns wegen, ein wenig verdienen. Sprich mir nach und übersetze mit mir! Also: *Nyni* nun, *de* aber – oh, könnt' ich dir die Bedeutung der Wörtchen *men–de* auseinandersetzen, die im Griechischen so schmuck und beziehungsreich sind, wie eure Ohrgehänge und Schürzenbänder. Doch weiter im Text! Also: *pischtis* – sprich nur herzhaft pisch*tis* aus, obgleich die gezierten Norddeutschen *pistis* sagen. Was meinst du: wenn die alten Griechen die Wahl gehabt zwischen Berlin und Stuttgart, hätten sie nicht Stuttgart vorgezogen, schon um der fröhlichen Lage und des lieblichen Weines willen? Neckerwein, Schleckerwein! *Pischtis, elpis, agape,* Glaube, Hoffnung, Liebe; *ta* die, *tria* drei, *tauta* diese, zu deutsch: diese drei. *Meizon de*, das größere aber, oder sagen wir gleich: das größte aber –« »Halt,« fiel ihm hier Friederike ins Wort, »halt, ich hab's! Das Größte aber ist die Liebe. Das ist Paulisch' erster Brief an die Korinther, Kapitel dreizehn.« Und dann begann sie feierlich die ewigen Worte zu sagen: »Wenn ich mit Menschen- und Engelzungen redete, und hätte der Liebe nicht, so wäre ich ein tönendes Erz oder eine klingende Schelle.« »Und wenn ich weissagen könnte,« fiel der Philolog ein, »und wüßte alle Geheimnisse und alle Erkenntnis, und hätte allen Glauben, also, daß ich Berge versetzte, und hätte der Liebe nicht, so wäre ich nichts. Und wenn ich alle meine Habe den Armen gäbe, und ließe meinen Leib brennen, und hätte der Liebe nicht, so wäre es mir nichts nütze.« »Die Liebe ist langmütig und freundlich,« setzte wieder Friederike ein, »die Liebe eifert nicht, die Liebe treibt nicht Mutwillen, sie blähet sich nicht. Sie stellt sich nicht ungebärdig, sie suchet nicht das Ihre, sie läßt sich nicht erbittern, sie trachtet nicht nach Schaden.« »Sie freuet sich nicht der Ungerechtigkeit,« fuhr der Vetter kräftig fort, »sie freuet sich aber der Wahrheit; sie verträgt alles, sie glaubet alles, sie hoffet alles, sie duldet alles.« Den Schlußvers aber ließ sich Friederike nicht nehmen: »Nun aber bleibet Glaube, Hoffnung, Liebe, diese drei; aber die Liebe ist die größeste unter ihnen!...« Die beiden guten Menschen hatten sich ganz warm gesprochen und ließen ruhig und selig ihre hohe Stimmung ausklingen. Es war so ruhig in der Stube, daß man den leisen Pulsschlag der Stille zu vernehmen meinte. Endlich brach Schwälble das Schweigen, indem er, wie für niemanden gesprochen, vor sich hinsagte: »Das ist ein Evangelium über dem Evangelium. Wenn auch sämtliche Kirchtürme stumm geworden, so werden diese Worte noch immer die Welt erschüttern und beglücken. Streut sie unter die Menge, und Religion wird euch entgegenwachsen.«

Indessen ging in der Stube des Gelehrten die gewohnte Beschäftigung ihren ruhigen Gang, nur Friederike war trauriger gestimmt, als gewöhnlich, weil der Fritz aus Munterkingen, der sich doch vor etlichen Tagen so fröhlich gemeldet, nicht zum Vorschein kommen wollte. Sie hing trüben Gedanken nach, und als sie mit dem Vetter Schillers Briefe über die ästhetische Erziehung des Menschen kritisch säuberte, sagte sie sich, bei einer entstehenden Pause, ganz innerlich das melancholische Liedchen vor:

's ischt no net lang,
Daß g'regnet hat,
Die Bäumle tröpflet no;

> I han amal a Schätzle ghat,
> I wollt, i hätt' es no –

und siehe, das Liedchen wirkte wie eine Zauberformel. Es klopft, und Fritz Staudenmayer steht, ganz schwarz gekleidet, vor ihnen und lädt die Freunde zu seiner ersten Predigt ein, die er als Vikar in Munterkingen hält. *Dr.* Conrad Schwälble, der als Theologe das in Schwaben übliche Trauerspiel im Gemüte gehabt und als Geistlicher seine Erfahrungen gemacht hatte, ging nicht gern in die Kirche und versprach dem jüngeren Freunde, das Bäschen zu schicken, an dem ihm, wie er glaube, ohnehin mehr liege, als an ihm. Fritz und Friederike sahen einander errötend an. Schwälble hielt Wort, und Friederike saß in der Kirche, als Fritz zum ersten Male predigte. Er predigte über den Text: »Nun aber bleibet Glaube, Hoffnung, Liebe; aber die Liebe ist die größeste unter ihnen.« Ihr klangen die Ohren, und der junge Geistliche wußte mit seiner Beredsamkeit alles Menschliche in ihrem Gemüte dermaßen aufzuregen, daß sie vor Glück weinte. Nach der Predigt schlich sie seitwärts an den Bach, um mit ihrem vollen Herzen allein zu sein. Fritz ging ihr nach. Er traf sie an ihrem Lieblingsplätzchen, wo das Murmeln des Wassers sie diesmal an ihren lesenden Vetter erinnerte, der ihr leid tat, weil er die Gehilfin vermißte. Fritz sah ernst aus und sprach heiter, und in ihr, die ebenso ernst gestimmt war, brach wider ihr Gefühl der Mutwillen aus, und sie warf dem geliebten Manne die rasch erschnappten griechischen Brocken hin: »*Nyni de menei pischtis.*« – »Was, du kannst Griechisch?« rief er erstaunt aus. – »O nein, Fritz, ich bin bloß der Papagei meines Vetters; aber wenn du es willst, so lerne ich Griechisch.« – »Geh, Rickele, du bischt mehr wert, als der beschte griechische Klassiker ...!« So legte der Scherz den Ernst nahe, und Fritz fragte das erglühende Mädchen zum ersten Male, ob sie ihm für das Leben angehören wolle. Sie kämpfte mit sich selbst und brachte nur schwer die Worte hervor: »Fritz, ich muß dir etwas sagen, das ich dir bis jetzt verheimlicht habe. Ich habe ... im Schlaf ... im Traum ... ein Mannsbild ... geküßt. Nein, er hat mich geküßt ... aber ... ich habe rasch nachgeküßt. Ich habe treulos an dir gehandelt.« – »Aber so besinne dich ein wenig, Rickele. War es nicht hier am Bach?« – »Ja!« – »Vor einem Jahre, zur Sommerszeit?« – »Ja!« – »In der Abenddämmerung?« – »Ja!« – »O du liebes Kind, da bin ich der Sünder. Ich bin dir damals nachgeschlichen, habe dir halb schalkhaft, halb schüchtern einen Kuß geraubt und bin dann als ein glücklicher Betrüger davongegangen.« – »Gottlob!« rief Friederike erleichtert aus. »Da hat doch wieder einmal der Vetter recht gehabt: Der Engel ist ein Tübinger Stiftler gewesen.« Und an den jungen Mann sich wendend, fragte sie zärtlich: »Du, Fritzle, hascht me au a bissele lieb?« – »O viel und ewig,« rief Fritz, indem er das Mädchen umarmte.

Mit Schiller ging es ziemlich rasch zur Neige. Sie lasen und säuberten noch zusammen den Aufstand der Niederlande und den Dreißigjährigen Krieg; dann, während an der kritischen Ausgabe gedruckt wurde, arbeitete Friederike an der durch Schiller bezahlten Aussteuer. Als sie ihren ersten Knaben zum ersten Male ins Freie trug, kam auf der Post ein großes Paket an. Als es die Frau öffnete, fiel ein starker Band heraus, auf welchem zu lesen war: »Schillers sämtliche Werke. Historisch-kritische Ausgabe, besorgt von *Dr.* Conrad Schwälble« – »und Friederike Staudenmayer« hatte der schalkhafte Vetter mit Bleistift dazu geschrieben. Die junge Mutter sah lächelnd zu ihrem Knaben auf.

(Am 24. Dezember 1882)

Die Kunst, arm zu werden

Als mein alter Kanarienvogel kurz vor Weihnachten wieder zu singen begann, dachte ich bei mir selbst: Das muß doch eine fröhliche Zeit sein, wenn selbst dieser betagte Herr, kaum einer gründlichen Mauser entgangen, sich ein neues goldenes Gefieder wachsen läßt und in die Stube hineinschmettert, daß einem die vier Wände fast zu eng werden. Und als ich ihm vollends ein duftiges Tannenreis in den Käfig steckte, da sang er immer heftiger, wobei er auf der hölzernen Sprosse langsam tanzte und seinen blaßgelben Flederwisch wie trillernd bewegte. Nach diesem Vogel zu schließen, sieht es in der Welt unendlich heiter aus. Freilich, er hat seinen Hanfsamen, sein frisches Wasser, sein Stückchen Zucker, und somit seine glückseligen Feiertage; aber für uns Menschen, wenigstens für die Mehrheit, ist er kein Verkünder gegenwärtigen Glückes, höchstens ein Prophet der Zukunft. Denn wenn man den Leuten durch das Fenster schaut – nicht aus schnöder Neugier, sondern aus Teilnahme – wird man leicht gewahr, daß die Weihnachtsfreude nicht aus dem Vollen schöpft. Es fehlen Äste an den Tannenbäumen, und die vorhandenen sind nicht so schwer behängt wie sonst; die Wachslichter scheinen nicht so lustig wie ehemals zu flimmern, und ihr Qualm legt sich wie beengend und beängstigend auf die Brust. Hinter dem Lächeln der Erwachsenen lauert die Sorge, und selbst die Kinder streifen mit scheuem Blick die Gaben des Festes, um fragend in die Augen der Alten zu schauen. Braucht man erst noch zu sagen, woher diese bängliche Stimmung kommt? Man kennt die alte Sage, wie das Gold sich in Kohle verwandelt. Die Sage ist zur Wirklichkeit geworden, daher der Kummer. In feuerfestem Verschluß sind die meisten Werte über Nacht verkohlt und verbrannt, und als man morgens öffnete, fand sich nur noch ein Häuflein Staub vor, der vor dem ersten Hauch in die Lüfte flog. Seit jenem Augenblick hängt es wie eine Aschenwolke über diesem Lande, und in diesem trüben, aussichtslosen Dunstkreis will das Volk fast verzagen. Mit verschränkten Armen steht die Staatsweisheit da und scheint über dieses Trauerspiel zu lächeln; sie gibt sich die Miene eines unschuldigen Kindleins und verläßt ihre bequeme Stellung nur, um mit ausgestrecktem Finger auf die Schuldigen zu deuten. Man spricht von einzelnen schuldigen Häuptern, wenn die beredsame Predigerin Not laut um Hilfe ruft! Man weist eine über den Dilettantismus hinausgehende ausgiebige Staatshilfe als ein sozialistisches Mittel zurück, während doch Handel und Wandel des ganzen Volkes daniederliegt! Was ist denn der Staat, wenn nicht die Gemeinsamkeit des Volkes? Und wenn der Staat dem notleidenden Volke beispringt, wem hilft er denn als sich selbst?... Ich überlasse die praktische Beantwortung dieser Fragen der Zukunft, indem ich zur Linderung der Not oder doch wenigstens zur Milderung der pessimistischen Anschauungen ein Hilfsmittel mehr moralischer als politischer Art empfehlen möchte. Dieses Hilfsmittel ist die Kunst, arm zu werden.

Arm sein ist keine Kunst: man ist es eben, wie man blond ist oder braun; aber arm werden, oder vielmehr ärmer werden, sich mit einer Art Genuß von der Höhe des Wohlstandes herabgleiten lassen, indem man das Werk der Notwendigkeit in einen freien Entschluß verwandelt – das ist eine Kunst, welche nur die wenigsten verstehen. Ich habe es als ein Mittel gegen die Seekrankheit erprobt, die

Bewegungen des Schiffes mitzumachen, als ob es die eigenen wären. So auch bei einem empfindlichen Glückswechsel; man muß sich nicht gegen den Rhythmus einer solchen Veränderung stemmen, sondern ihm willig folgen. Um dieses zu können, dazu gehört freilich einiges, aber nicht gar zu viel: man muß das Talent besitzen, die Dinge mehr auf ihren inneren Wert als auf ihren Preis anzusehen. Wer die Welt mit so hellen Augen betrachtet, wird erfahren, daß er bei vielen, ja bei den meisten Einkäufen noch Geld übrig behält. Man kann kleines Kapital innerlich potenzieren, es fruchtbarer machen, indem man billigen Sachen einen Affektionswert beilegt. Dazu braucht man einige Phantasie des Herzens und jenen idealisierenden Blick, der nicht etwa übertreibt, sondern nur durch die Schale den Kern sieht. Wenn ich meine Seele in das geringste Ding hineinlege, so kann ich seinen Wert hundert- und tausendfach steigern. Das ist das Geheimnis der Liebe. Ich habe Wälder und Felder von unabsehbarer Ausdehnung verloren, aber mein Hausgärtchen ist mir geblieben mit seinem Lindenbaum und seinen Rosenhecken und seinen Salatbeeten; ich übersehe es leichter, ich kann es lieben, weil ich es umfassen kann. Ja, ich habe mein Hausgärtchen verloren, aber was hindert mich daran, den beglückten kleinen Großgrundbesitzer zu spielen, wenn ich die Blumen vor meinem Fenster begieße? Ein verschwundenes Glück läßt immer ein anderes nach, vielleicht kleiner als das vorige, aber nur klein und lieb wie die Kinder, und diese Perspektive des verkleinerten, aber nicht verminderten Glückes ist unendlich.

Der moralische Zug unserer Zeit bewegt sich freilich nicht in der Richtung dieser Bescheidenheit und Selbstbescheidung. Das letzte Jahrzehnt hat eine verderbliche Krankheit ausgebrütet, welche die Gemüter auszudorren und jede sittliche Kraft zu lähmen drohte. Es ist die krankhafte Neigung, um jeden Preis Millionär werden zu wollen. »Das Vergnügen beginnt erst bei der zweiten Million,« konnte man wie oft sagen hören, während doch nach vielfacher Erfahrung die zweite Million die geborene Feindin der ersten ist. Aber man mußte nicht nur eine Million, man mußte Millionen haben, um auch die Sprößlinge des Millionärs zu Millionären machen zu können. Die Kinder so reich wie möglich in die Welt zu entlassen, das war fast der einzige Erziehungsgrundsatz. Als ich nach der bekannten Krisis mit einer Dame sprach, deren Vermögen einige Einbuße erlitten, zeigte sie sich um ihrer Kinder willen ganz aufgelöst und untröstlich. »Wo ich gehe und stehe,« sagte sie, »im Wachen und Schlafe ist es mir, als hörte ich meine kleine Marie bitterlich weinen!« Die arme Marie, sie wird sich schlimmstenfalls nur mit einer halben Million behelfen müssen! Aber so tief steckte die Millionärkrankheit den Leuten in den Gliedern, daß es sie unglücklich machte, ihre Nachkommen nicht als Millionäre durch die Zukunft schreiten zu sehen. Für den Unsegen der Million hatten sie keine Augen. Wie sie zu blindem Genuß trieb, alle Dinge dieser Welt nach dem Preiskurant taxierte, die Familienbande lockerte, davon wollte man nichts sehen; die größten Verwüstungen geschahen auf dem Felde der Liebe. Was allgemein begafft und bewundert wurde, eine Schauspielerin, eine Sängerin, eine Tänzerin, das mußte der Mann mit der gespickten Tasche sein eigen nennen. Nach den Reizen, die alle Welt kennt, stand sein Sinn; von dem Glück, ein Weib, einen Schatz zu besitzen, dessen Reize mein und nur mein heiliges Geheimnis sind, hatte er keine Ahnung. Und doch, wenn man den goldigen Schmetterling etwas näher betrachtete, besaß er denn in den meisten Fällen das leibliche und geistige Vermögen, um auch nur ein weibliches Wesen in seiner natürlichen und gemütlichen Tiefe und Fülle von Grund aus zu erkennen?

Daß solche widerliche Erscheinungen vermindert worden, kann man als einen Segen der Krisis preisen. Die Kunst, arm zu werden, ist an den soeben geschilderten Leuten verloren. Ich denke mir als Zöglinge dieser Kunst ernstere, feinfühligere, bessere Naturen, welche begreifen, daß im Reichtum etwas wie eine Schuld liegt, und daß der Verlust des Überflüssigen eine Sühne für das noch Erhaltene bildet. Man muß sich auf kleineren und reineren Fuß einrichten und den verlorenen äußeren Glanz durch Herzensklugheit und einige Kunstgriffe des Gemüts zu ersetzen suchen. Und dann bleibt ja noch die Arbeit, dieses heroische Mittel, die Sorge zu vergessen und sie in ihren Wurzeln zu zerstören. Und soll Eigentum durchaus Diebstahl sein, so wollen wir es mehren durch redliche Arbeit und dabei uns denken: Ehrlich stiehlt am längsten ...

Während ich aber so weise rede, hebt mein Kanarienvogel wieder zu singen an. Er läßt sich sein Recht nicht nehmen, fröhlich zu sein, und wie er die Lichter auf dem Weihnachtsbaum aufblitzen sieht, meint er, es werde Tag, und jubiliert wie eine Lerche. Am Ende hat dieser gute dumme Vogel doch recht. Wir sollen, das Notwendige mit Anmut tragend, uns freuen an diesem Festabend der kleinen und großen Kinder; wir sollen uns, schon um der lieben Frauen willen, zusammennehmen und die Sorge auf morgen vertagen. Es ist ja nicht der letzte Weihnachtsabend auf dieser Welt. Auch wir erleben bald wieder einen, wo wir singen und jubeln werden.

(Am 25. Dezember 1874)

Zwei Kinder

»Schau, Franzel,« sagte die kleine Marie zu ihrem noch kleineren Brüderchen, indem sie ihn am Fenster emporhob, bis er auf dem Sims stehen konnte, »schau, da drüben fliegt das Christkind, läßt einen Tannenzweig und ein Blättchen Gold fallen, und wo es fliegt, da wird es licht.« Und die beiden Kleinen sahen, warm aneinandergeschmiegt, in den schneefeuchten Abend hinaus, wo die Laternen trüb und schläfrig brannten, während am Rande des Himmels eine düstere Röte hing, die beständig zitterte und bald flammender aufschoß, bald wieder auf sich selbst zurückkehrte. Die Kinder weideten ihre Neugier an dem schönen Schauspiele, zwitscherten vergnügt wie die Vögel und brachen hin und wieder, wenn eine Funkengarbe in die Höhe prasselte, in ein helles Freudengeschrei aus. »Aber wenn das Christkind so lange da drüben bleibt,« sagte nach einer geraumen Weile der Knabe, »so kann es am Ende gar nicht zu uns kommen.« – »O du dummer Franz,« erwiderte das Mädchen mit Überlegenheit, »das Christkind hat ja Flügel, und kaum hast du's gedacht, so ist es auch schon da.« Endlich taten den beiden Geschwistern die Augen weh vom vielen Schauen; Marie hob den Bruder, der am Fenster mit seinen Händen wie eine Klette hing, vom Sims herab, und sie kehrten wieder zum Tische zurück, auf dem sie, im freundlichen Scheine einer Hängelampe, ihr Spielzeug ausgebreitet hatten. Zwei Tage zuvor war St. Nikolaus gewesen, der sich in Deutschland auf die Bauerndörfer zurückgezogen, in Wien aber nie ohne Bescherung vorübergeht. Franz hatte seinem Nikolo mit der goldenen Bischofsmütze und einem dem seinigen ähnlichen Flachshaar schon ein Bein ausgerissen, um nachzusehen, wie es denn um das Fußwerk von so einem Heiligen stehe; seine braune Schwester dagegen – feurig und treu, wie es die Brünetten zu sein pflegen – behandelte ihren pelzverbrämten Krampus, den sie schon morgens im Bette, da er wie vom Himmel gefallen neben ihr lag, mit einem zärtlichen »du schiecher Kerl!« begrüßt hatte, mit all der Hochachtung, die ein zwar häßlicher, aber in allen Stücken tüchtiger Mann allezeit verdient. Als sie so saßen und ihre beiden Mannsbilder eifersüchtig miteinander verglichen, faßte ein derber Windstoß das Haus, daß es bebte, und jagte das Ofenfeuer mit Flamme und nachqualmendem Rauche in die Stube. Die Kinder fuhren auf, und da das Feuer im Ofen zu summen und zu brummen anfing, was bekanntlich einen Familienverdruß bedeutet, so lief die kluge Marie nach der Salzbüchse und streute eine Handvoll Salz auf die Glut, die sich unter ihrem Zuspruche: »Nicht schelten, nicht zanken!« langsam beruhigte. Franz stand mit gespreizten Beinen und die Hände auf dem Rücken, wie er es oft von seinem Vater gesehen, dabei und sagte mit einem Tone, der so tief war, als er ihn aus seiner kleinen Brust heraufholen konnte: »Du dummes Feuer!«

Vom Spiel ermüdet, bat Franz, indem er halbschläfrig in das Licht blinzelte, sein Schwesterchen, ihm eine Geschichte vorzulesen, da er wohl wußte, daß ihm dann der Schlaf ganz gelingen würde. Marie begann zu lesen: »Vorzeiten war ein König und eine Königin, die sprachen jeden Tag: ›Ach, wenn wir doch ein Kind hätten!‹ und kriegten immer keins ...« Kaum hatte Marie diesen Satz gelesen, als eine so blendende Helle zum Fenster hereinkam, daß die Amsel, die in einer Ecke im Käfig schlummerte, aufwachte und stark zu schlagen begann. Die Katze, die gute Troll, kam vom Ofen hervor und gähnte. Franz aber rief: »Das Christkind! Das Christ ...« Sein Ruf wurde durch einen gellen Schrei der Schwester erstickt, die zum Fenster gelaufen und von dem Anblicke und dem Lärm der Straße bis in die Füße hinab erschrocken war. Sie hielt sich krampfhaft am Fensterbrette, starrte einen Augenblick wie versteinert hinaus, wo sich auf der Gasse die Leute drängten, fieberhaft dahinrollende Wagen rasselten, gellende Signale erschollen und, wie immer, wo sich Haufen sammeln, ein schriller Pfiff dem andern antwortete; dort aber, wo ihr noch vor kurzem eine fröhliche Abendröte aufgegangen war, sah sie die Balken und Sparren eines mächtigen Dachstuhles brennen. »Es brennt, Franzel!« rief sie aus, als der Bruder sich in seiner Angst an ihren Rock gehängt. »Und ach!« fuhr sie fort, indem ihre Stimme zum Weinen herabsank, »wo wird die Mutter jetzt sein?« Nach dem Vater fragte sie nicht, denn den Vater dachte sie sich immer zusammen mit der Mutter. »Sie sind ja ins Theater gegangen,« sagte Franz, »und im Theater ist es ja so schön.« Aber auch ihm schon ging es, als wollte das Weinen kommen, bitter durch die Nase, und als die Schwester, durch das Wort »Theater« aufgeschreckt, mit einem raschen Gedanken nach der Gegend des Brandes schaute, ergriff sie eine namenlose Angst, und sie brach mit dem kleinen Bruder, der an ihr hinaufschaute, in ein heftiges Weinen aus.

Jetzt erst merkten sie, daß sie allein waren. Sie riefen nach der Magd – sie war nicht zugegen; sie versuchten sich an der Haustür – sie war geschlossen; es half nichts, daß sie gegen die Tür schlugen – niemand hörte sie. Da öffnete Marie ein Fenster und rief die Vorübergehenden um Hilfe an. Endlich befreite sie ein fremder Mann, der die Tür eingedrückt hatte und, da er Geschäfte hatte, rasch wieder von dannen ging. Die Kinder waren frei, und ihr erster Gedanke war, ihre Mutter zu suchen. Da gingen diese zwei armen Wiener

Kinder barhäuptig hinaus auf die Straße. Es fiel ein regnichter Schnee, der rasch auf der Erde zerging und einen naßkalten Schauer aufsteigen ließ, der bis ins Mark drang. Die Geschwister, fest Hand in Hand, schoben sich durch die drängenden Haufen und gelangten, von der allgemeinen Strömung mitgenommen, in die Nähe der Brandstätte. Am Schottenring, wo die hohen Häuser wie im Feuer vergoldet standen, fragte die kleine Marie, die als echtes Stadtkind im allgemeinen Lärm und Gedränge den Mut wiedergefunden hatte, einen Mann, dessen Seitengewehr ihr Achtung einflößte, ob er ihre Mutter nicht gesehen hätte. Sie sei drinnen im Theater, sagte das Kind, er möge sie herausholen und ihr sagen, daß die Marie und der Franz da seien. Allein der Mann mit dem achtungswürdigen Seitengewehr ließ die Kleinen hart an, indem er meinte, es brenne da nur ein Haus und Menschen seien nicht darin. Als die Kleinen von einer hohen Obrigkeit so schnöde abgefertigt wurden, näherte sich ihnen ein ältlicher Mann und eine ältliche Frau, und nachdem sie sich erkundigt, auf welchem Stadtgrunde die Kinder daheim seien, nahm der Mann das Mädchen, die Frau den Knaben bei der Hand und führten sie aus dem Gedränge in ihre Straße und Wohnung zurück. Die Haustür war noch offen, und während der Mann Erkundigungen über die Eltern einzog, brachte die Frau die beiden Kinder, die vor Frost zitterten und fieberten, zu Bett. Ein Arzt wurde geholt, die Kinder schliefen ein. Die beiden Fremden, zwei Wiener Bürgersleute voll Rechtschaffenheit und Güte, wachten bei den Kleinen. Es war eine lange, bange Nacht. Niemand kam nach Hause, auch nicht die Magd. Nach einer unbegreiflichen Sicherheit schwirrten unheilvolle Gerüchte durch die Luft, und bald wurden Tatsachen bekannt, die Trauer, Angst und Schrecken durch die Stadt trugen. Zuletzt kein Zweifel mehr, daß hundert Menschen, ja Hunderte von Menschen im Ringtheater ihr Flammengrab gefunden.

Da die Kinder ernstlich krank wurden, richteten sich Herr und Frau Huber – so hießen die guten Leute – in der Wohnung ein. Wie sie nun zusammen am Bette der Kranken saßen, so erinnerten sie sich, wie sie auch einst einen Buben und ein Mädchen gehabt, die ihnen aber jung gestorben, und bei aller Empfindung für das Unglück ihrer Schutzbefohlenen tat es doch ihren alten Herzen wohl, daß sie wieder Kinder hatten; denn daß sie von diesen Waisen nicht mehr verlassen würden, war vom ersten Augenblicke an eine nicht anders zu denkende Sache. Sie saßen am Bette, lachten und weinten, küßten bald die Kinder, bald einander selbst, und so wurden sie ihre eigentlichen Kinder. Als Marie und Franz sich wieder erholten, teilte ihnen Frau Huber mit, daß ihre Eltern auf einer Reise begriffen wären, und daß die Kinder, bis zur Zurückkunft von Vater und Mutter, zu ihren Pflegeeltern übersiedeln müßten. Marie machte große Augen, und indem sie nach der Tür sah, weinte sie still vor sich hin. Sie drückte der guten Frau die Hand. »Und du, Franzel,« sprach die Frau zu dem Knaben, »bin ich nicht deine Mutter?« – »Du meine Mutter,« antwortete er, »du hast ja graue Haare und Falten im Gesichte, und meine Mutter hatte braune Haare und rote Backen.« Die gute Frau lächelte und küßte den Knaben, der es sich gefallen ließ.

In der neuen Wohnung war Franz bald zu Hause. Altes Spielzeug, welches Frau Huber noch von ihren Kindern her aufgehoben hatte und immer um die Weihnachtszeit zur Erinnerung hervorholte, nahm seine ganze Aufmerksamkeit in Anspruch. Zu jung, um ein gutes Gedächtnis zu haben, lebte er ganz in der Gegenwart. Mit Vorliebe bestieg und tummelte er das Steckenpferd, und da die Kindertrompete den Ton verloren hatte, so schrie er ihn in sie hinein, und mit Begeisterung blies er das Wiener Feuersignal, wie er es in jener schaurigen Dezembernacht gehört hatte. Marie dagegen, älter, gescheiter und schon des Lesens kundig, ward immer stiller und nachdenksamer. Eines Abends war ihr von der brennenden Kerze ein Funke auf den Rücken der Hand gefallen; sie ließ ihn ruhig und ohne einen Augenblick zu zucken auf der Haut verglimmen und sann nach über den Schmerz, den es verursachte, und dachte an ihre Mutter, die nicht zurückkehren wollte. Das Mädchen kränkelte innerlich; ein Licht konnte sie erschrecken, das Prasseln eines Zündhölzchens konnte ihr Angst einflößen. Endlich machte sie ein Traum ruhiger und heiterer. Sie war in einem festlich erleuchteten, großen Raume, in welchem viele Menschen saßen. Plötzlich war der Raum von Flammen erfüllt, daß man vor Helle nicht mehr sah, und ebenso plötzlich trat einen Augenblick nachher eine so tiefe Finsternis ein, daß das Feuer aus den Augen zu fahren schien. Marie fühlte sich von einer oft stockenden Menschenströmung fort- und abwärts, dann wieder aufwärts getragen. Als sie dann einen engen, finstern Gang entlang ging – und die Finsternis wurde dick, wie zum Greifen – hörte sie etwas, das das Ohr vor Entsetzen kaum zu fassen vermochte: ein Stöhnen und Wimmern, als ob Tausende hingewürgt würden. Sie ging langsam weiter, wie wenn Blei in ihren Gliedern wäre, denn es biß wie unendlicher Rauch in die Augen, und die Luft war schwer und säuerlich und trieb den Atem in die Brust zurück. Am Ende des Ganges schlug ihr himmelhohe Feuerlohe entgegen, und als sie, sich versengt fühlend und am ganzen Leibe glühend, eben sich zurückwenden wollte, hörte sie eine Stimme, die süßer klang, als keine auf der Welt. Sie rief sie mit Namen: »Marie! Marie!« Und Marie eilte durch die Flammen, sah vom Feuer umgeben die Mutter, stürzte sich in ihre ausgebreiteten Arme, und als das Kind in den Mutterarmen lag, fächelten die Flammen ihr Kühlung zu, und nichts brannte, als der süße Mutterkuß auf dem Munde des armen und seligen Kindes ...

Von dieser Stunde an ward Marie ruhiger und gelassener. Sie fing an, sich an ihre guten Pflegeeltern inniger anzuschließen, und der leichtherzige Franz fand an ihr wieder seine Spielkameradin. Als die guten Leute den Christbaum anzündeten und der Franz vor Wonne jauchzte, stand auch Marie mit freundlichem Anteil dabei. Sinnend und sinnig sah sie zu, wie die Lichter am Baume mit den grünen Nadeln spielten und spitzige Flämmchen in die Luft bliesen. Sie weinte nicht, aber die Augen wurden ihr feucht.

Die braven Wiener Bürgersleute herzten und küßten die Kleinen, und indem sie in heißem Gebete zum Himmel flehten, er möge künftighin ihre geliebte Vaterstadt nicht mehr mit Feuer heimsuchen, priesen sie die Vorsehung, die es verstanden, mitten aus dem Unheile heraus für ihre alten darbenden Herzen ein unerwartetes Glück zu schaffen.

(Am 25. Dezember 1881)

Ohne Mutter

Als ich heuer den ersten Schnee fallen sah und sommerlich gekleidete, leicht beschuhte Kinder erblickte, die blaß und bekümmert über die Straße wateten, summte mir unaufhörlich die Erinnerung an ein rührendes Ereignis durch den Sinn, das in meiner Knabenzeit großes Aufsehen erregt hatte, um, wie das selbst bei den wichtigsten Dingen zu geschehen pflegt, rasch wieder vergessen zu werden. Es war die Geschichte eines Zwillingspaares, eines Knaben und eines Mädchens, die zur Winterszeit auszogen, eine Mutter zu suchen, und nach einigen Tagen im Walde erfroren aufgefunden wurden. Ich habe die beiden Geschwister wohl gekannt, die braune Mali, die so schwere dunkle Zöpfe auf dem Rücken trug, und den blonden Conrad mit den schlichten Haaren und den treuherzigen blauen Augen. Ich bin oft mit ihnen in die Erdbeeren gegangen, habe mit ihnen Schmetterlinge gejagt, und im Winter haben wir einander mit Schneeballen geneckt und sind dem edlen Sport des Schlittenfahrens mit Leidenschaft obgelegen. Da sie hübsch und artig waren, obgleich von ärmlichem Ansehen, hatte sie jedermann gerne. Die Mutter war bei der Geburt der Zwillinge gestorben, und der Vater – ein Taglöhner, der zumeist von Holzspalten lebte – war ein rauher Mann, der im Verdruß über seine üblen Umstände, und dadurch sie immer verschlimmernd, der Flasche mehr als billig zusprach. Als eines Morgens der Vater tot im Bette gefunden wurde, ward es den Kindern recht unheimlich zumute. Fröstelnd in der ungeheizten Stube, saßen sie an dem Tische, auf dem sonst die Wassersuppe als Frühstück gestanden, und ratschlagten in ihrem kindlichen Sinne, was nun anzufangen sei. Oft hatten sie schon die Leute sagen hören: Ja, Kinder, wenn ihr eine Mutter hättet! Und die braune Mali – wie ja die Mädchen stets klüger sind, als die Knaben – hatte einmal eine Nachbarin gefragt: was das denn sei, eine Mutter? Die Nachbarin antwortete dem neugierigen Mädchen: eine Mutter sei eine Frau, welche die Kinder hüte wie ihren eigenen Augapfel; man könne nie frieren, sondern habe immer warm, wenn man eine Mutter besitze. Dieses Wort der Nachbarin trug das sinnige Mädchen mit sich herum, und als sie mit ihrem Brüderchen frierend am leeren Tische saß, fiel es ihr ganz warm auf die Seele, und sie fing an: »Weißt du was, Conrad? Der Vater ist tot, und niemand kümmert sich mehr um uns, als die böse alte Hanne. Wir wollen miteinander fortgehen und uns eine Mutter suchen. Es gibt ja so viele Mütter auf der Welt, es wird wohl auch eine für uns darunter sein.« Conrad hatte nichts einzuwenden gegen diesen Vorschlag, und so machten sich Bruder und Schwester in leichten Kleidchen auf, Conrad ohne viel Vorbereitung, Mali aber erst, nachdem sie ein Stück Brot in die Tasche gesteckt und einen an Schnüren befestigten baumwollenen Muff umgehängt hatte. So gingen die beiden Kinder Hand in Hand zum Tore hinaus, erst der Straße nach, dann auf Fußsteigen durch Felder und Wiesen dem Walde zu. Sie waren von Bauersleuten gesehen und auch wohl angeredet worden; als einer sie verwundert fragte, wie es denn komme, daß sie bei diesem Schnee und dieser Kälte über Feld gingen, antworteten sie ganz gelassen, daß sie eine Mutter suchten. Der Mann sah ihnen eine Weile kopfschüttelnd nach, dann verschwanden sie hinter Bäumen; allein der allgegenwärtige Märchengeist des Volkes hat sie begleitet bis zu ihrem letzten Worte und bis zu ihrem letzten Atemzuge. Als sie in den Wald hineinkamen und die Tannen im Winterschmucke glitzern und blitzen sahen, meinten sie, hier sei es ja schon Weihnachten und ganz so schön wie bei den vornehmen Leuten. Sie konnten sich nicht satt sehen an dieser Pracht und Herrlichkeit; sie gingen von Baum zu Baum, schüttelten wohl auch an einer schlanken Fichte und lachten, wenn ihnen der nasse Staub in die Augen fiel. Als sie ihre Lust gebüßt hatten, gingen sie wieder fürbaß, nur Mali hielt zuweilen an und rief in den Wald hinein: »Mutter! Mutter!« – aber bloß ihre eigene Stimme kam ihr zurück, oder ein geschreckter Specht flog auf, und unter ihm stob der Schnee vom Aste. Als die beiden Kinder weit auf der Höhe an eine Wegscheide kamen und schon der Abendschein die Baumgipfel vergoldete, fühlten sie sich müde und setzten sich unter eine Tanne. Mali nahm das Brot aus der Tasche und fütterte damit den Bruder, der willig den Mund aufsperrte. Ein Frost überkam sie, und Mali steckte die Hände Conrads in ihren Muff. Sie konnten sich des Schlafes, der schwer auf sie fiel, nicht erwehren, und sie schlummerten Hand in Hand und Wange an Wange ein. An einem plötzlich aufstrahlenden Wärmegefühle wurde Mali wach; sie weckte ihren Bruder und sagte zu ihm: »Conrad, mir ist so leicht und warm, das muß die Mutter sein!« – »Ja,« antwortete Conrad, »das ist die Mutter!« Und sich enger aneinanderschmiegend, entschlummerten sie lächelnd und wachten nicht wieder auf. Unser aller Mutter, die Erde, in deren scheinbar harten Entschließungen wir die Liebe nur ahnen können, hatte die armen Zwillinge mitleidig in ihre Arme genommen.

Wie diese zwei Kinder, so suchen viele Menschen ihre Mutter, sei es nun, daß sie erfahren haben, was eine Mutter ist, sei es, daß sie eine Mutter nie besessen. Die Sehnsucht nach dem nur Geahnten ist so stark, wie die Sehnsucht nach dem verlorenen Besitze. Wer keine Mutter hat, der geht doch nur betteln und lebt vom Almosen der Liebe. Denn es gibt nichts Köstlicheres als Mutterliebe, und ihre Macht und ihr Segen sind unerschöpflich. Wie arbeitet und bildet die Mutter an dem zappelnden und schreienden Geschöpf, das in den Windeln liegt – selbst bedürfnislos und für alle Bedürfnisse des Kindes sorgend. Groß wie die Natur, deren Priesterin sie ist, kennt sie keinen Wertunterschied der Dinge, und wo sie liebt, wandelt sich ihr selbst der Kot zu lauterem Golde. Was ihre Hand berührt, veredelt sie. Sie vermittelt das edelste Besitztum, welches ein Volk kennt: die Sprache wird uns mit der Milch eingeflößt, mit Küssen eingeschmeichelt. Wir sagen: unsere Muttersprache, um den traulichsten Reiz unserer Sprache zu bezeichnen und unsere tiefste und herzlichste Freude an ihr zu bezeugen. Wir hören durch unsere Sprache hindurch die Kinderstimme der Mutter, den naiven Laut der Liebe. Die Kinderstube ist eine sprachliche Werkstatt, wo die Kosenamen und Verkleinerungsformen geschaffen werden, und wie ohne Zweifel bedeutende Männer gewisse Wortformen erfunden haben, so haben auch bedeutende Frauen und Mütter bei der Formenschöpfung und bei der Bestimmung des Geschlechtes der Wörter ihre Hand mit im Spiele gehabt. Wenn nicht Liebende den Dual, der mit einem Worte zwei Wesen bezeichnet, erfunden haben, so hat es gewiß die Mutter getan, die sich nicht getrennt denken konnte von ihrem Kinde. Ja, so wenig trennt sie sich von ihrem Kinde, daß dem Verbrecher nichts mehr bleibt als die Mutter, wenn die übrigen Menschen sich von ihm abwenden: über alle Gräuel hinweg waltet noch die Mutterliebe als ein unzerstörbares sittliches Naturgesetz. Es gehört zu den großen Zügen unseres Zeitalters, daß die Enterbten der Menschheit *(proles sine matre creata)* nach der Mutter suchen, die ihnen mild und liebend entgegenkommt.

Wenn es möglich ist, daß der Mensch aus dem Tode zurückkehrt, so kann es vor allen anderen die Mutter. Im deutschen Märchen besucht die tote Königin jede Nacht ihr

Kind. »Sie nahm das Kind aus der Wiege, legte es in ihren Arm und gab ihm zu trinken. Dann schüttelte sie ihm sein Kißchen, legte es wieder hinein und deckte es mit dem Deckbettchen zu.« Und steht nicht geschrieben in dem Buche der Bücher: »Man höret eine klagende Stimme und bitteres Weinen auf der Höhe vor Bethlehem, wo Jacobs Weib begraben liegt: Rahel weinet über ihre Kinder und will sich nicht trösten lassen über ihre Kinder, denn es ist aus mit ihnen« – und ach, wann könnte Rahel bitterlicher weinen als heutzutage?

Die Mütter sind überall zugegen, und müßten sie das Grabgewölbe durchbrechen. Ihre Seele, ihr sorgendes Gemüt umschwebt uns allerwärts. Und wenn es in einem mutterlosen Hause um den Weihnachtsbaum lichter und wärmer wird – haltet es nur für sicher, das rührt von einer heiligen Gegenwart her: es ist der Atem und es sind die Augen der verstorbenen Mutter.

(1884)

Mutter und Kinder

Wenn der Mann des Gespräches mit Männern satt ist, so rettet er sich zu den Frauen, hat er sich aber auch mit den Frauen ausgesprochen, dann geht er, als zu einer letzten Zuflucht, unter die Kinder. Was der Mann, aus der kühlen, verdünnten Luft des Denkens herabsteigend, sucht, wonach er sich herzlich sehnt, das ist der warme Atem der Natur, der ihm nirgends voller und würziger entgegenquillt als aus dem Munde des Kindes. Wie will er aber den Frauen entgehen? Sie sind überall, und wo ein Kind ist, da sind sie erst recht. Das Kind schreit nach der Mutter, wie in der Wirklichkeit, so auch dem Sinne nach. Das Kind hat in ihr gewohnt, es hat mit ihr geatmet, gegessen und getrunken; als es für die anderen noch gar nicht da war, hat ihm schon die Sorge der Mutter gegolten. Sie sind nicht voneinander zu trennen, und wenn das Leben sie trennt, wenn eines von beiden allein bleibt, gibt es ein Leid, dem kaum ein anderes gleicht. Es ist das stärkste Heimweh, das es gibt. Daher sind Mutter und Kind eines der ältesten Bilder, das die Menschen kennen, das sie nicht erfunden, sondern nur gefunden haben. Der Schein des Überirdischen haftet nur nebensächlich an ihm oder ist aus dem an sich heiligen natürlichen Verhältnisse erst geholt worden. Das Bild bedarf keiner Verklärung, es verklärt sich selbst. Wie rührend ist eine junge Mutter, die selbst noch ein halbes Kind ist, und die trotz Entzückungen und Schmerzen an ihre Mutterschaft noch nicht recht glauben kann und sie mit einer Mischung von Scham und Stolz trägt. Wie fest und schwer aber, eine nicht wegzuleugnende Wirklichkeit, sitzt das Kind auf ihrem Schoße, und der kleine Bengel (sie selbst sagt Engel) langt ihr dreist nach dem Busen, den er ohne weiteres als sein natürliches Besitztum in Anspruch nimmt. Sie küßt das Kind, das sie gestillt, und mit ihm küßt sie den geliebten Mann, ja sich selbst, denn es hat ihren Mund und schaut sie aus ihren eigenen Augen an. Alle Seligkeit, die sie kennt, sitzt auf ihrem Schoße, ruht an ihrer Brust, schlummert in ihren Armen. Die gereiftere Mutter genießt ihr Glück ruhiger, stolzer, nachdenksamer, wenn auch nicht weniger tief; sie kennt die Welt und ihre Sorgen. Und wieder ein reizendes Bild gewährt die Großmutter, welche die Kinder ihrer Kinder um sich versammelt. Sie scheint voll lieblicher Erinnerungen zu sein, wenn ihre Enkel zu ihr kommen, und wenn sie die Kleinen streichelt, wenn sie selbst ihr schön tun, ihr schmeicheln, sie küssen, ist sie überglücklich und lächelt aus allen ihren Falten. Die Kinder ahnen in ihr selbst das Kind und spielen mit ihr wie mit einem älteren Kinde.

Die Kinderstube ist eine große Sache. In ihr kriecht und trippelt, lärmt und tobt die Weltgeschichte in kleinem Maßstabe, sie ist eine Pflanzstätte mächtiger Dinge. Eines der wichtigsten Stücke in der Kindererziehung ist offenbar, dem Kinde, unbeschadet aller geistigen Entwicklung, seine ursprüngliche Kindlichkeit zu bewahren. Das Kind im Menschen ist das Genie, unbefangen in seinen Anschauungen, naiv in seinem Egoismus, und so die Wurzel alles bedeutenden Schaffens. In diesem Sinne ist das Kind der Dichter, der Künstler, der Erfinder, der Gesetzgeber, weil es den Schleier des Vorurteils zerreißt und einen unbefangenen Blick in die Dinge selbst tut. Diese Kindlichkeit dem Kinde zu wahren, sie namentlich gegen den Schulmeister zu schützen, ist die Mutter am geeignetsten. Sie ist ja – selbst in der Stimme – ein großes

Kind, ein Genie an Takt und Klugheit und, solange sie unverdorben ist, nicht geneigt, den ihr von der Natur angewiesenen Berufskreis zu überschreiten. Schon durch ihr bloßes Dasein, ihre natürliche Beschaffenheit übt sie die stärksten Wirkungen aus. Neidlos teilt sie dem Kinde ihre Genialität mit, stolz darauf, im Sohne fortzuleben. Sie will, in ihrer reinsten Art, weder Dichter noch Gelehrter sein, und ein Wort Latein oder Griechisch erschiene ihr als ein Flecken auf ihrer geistigen Toilette. Gespräch und Brief, also unmittelbare Äußerung von Person zu Person, sind das Feld ihrer geistigen Meisterschaft. Frau von Sévignés Briefe wird man noch immer mit Vergnügen lesen, wenn längst alle Welt die wenig schmeichelhafte Meinung des großen Napoleon über die Schriften der Frau von Staël teilen wird. Übrigens kann man kaum ermessen, was die Frauen durch die Erfindung des Spinnens, Webens, Strickens, Knüpfens für die Entwicklung der Kultur getan haben. Die ganze Oberfläche des Lebens und der Kunst zeigt die Spuren ihrer erfindsamen und sinnigen Hand. Auch die Schöpfung der Sprache führt zu den mitteilsamen Frauen und in die Kinderstube hinein. Wer hat in der Sprache den zwischen Einzahl und Mehrzahl schwebenden Dual erfunden, die schöne alte Form, wo Zwei sprechen und doch nur Eines – sind es verliebte Paare oder ist es die Mutter mit ihrem Kinde gewesen? Die Grammatik als eine Erfindung der Liebe wäre gewiß eine Erleichterung des Lernens für Mädchenschulen.

Was die Kinder ihrer Mutter verdanken, erfährt das Kind erst, wenn es selbst Mutter wird – der Mann also gar nie oder nur ahnungsweise und lückenhaft. Die Opferfähigkeit der Mutter ist unbegrenzt. Das Leben, sonst das höchste Besitztum des Menschen, achtet sie, sobald das Wohl ihres Kindes ins Spiel kommt, keiner Nadel wert. Die Sage von dem Vogel Pelikan, der sich die Brust aufreißt, um seine hungernden Jungen zu ätzen, scheint eigens für die Mutter erfunden zu sein. Beispiele liefert jeder Tag. Allein nicht eigentlich das äußerste, sondern das tagtägliche Opfer, die Sorgfalt und Liebe, die kein Ende hat, nimmt unsere Bewunderung in Anspruch. Wer betrachtet nicht manchmal mit einem mehr als flüchtigen Blicke die kleinen Kinder, die zur Schule gehen oder aus der Schule kommen? Man sucht gern hinter jedem Kinde seine Mutter, weil es die Mutter nicht verleugnen kann. Es trägt seine Mutter mit sich herum. Kinder aus wohlhabender oder reicher Familie gewähren weniger Interesse als arme Kinder. Arme Kinder sind rechte Mutterkinder, die Hand der Mutter ist sichtbar an ihnen. Kopf und Fuß der armen Wiener Schulkinder sind meistens auf das sauberste gepflegt. An den Kleidern, so dürftig sie sein mögen, sieht man den guten Willen, die Liebe der Mutter. Sie hat sie selbst verfertigt. Für ihr Kind wird sie alles: Putzmacherin, Mädchen- und Knabenschneiderin, ja selbst Schusterin, wenn eine neugierige Kinderzehe durch das Schuhleder brechen will. Aus den abgelegten Beinkleidern des Vaters macht sie Wams und Hosen für den Knaben, aus ihren abgelegten Fähnchen Anzüge für das Mädchen. Und rührend ist es, zu sehen, wie die Mutterhand noch mit der Not spielt und ihr gleichsam ein Lächeln entlockt. Den Kragen des armseligen Mäntelchens besetzt sie mit einem dunkleren Stoff, daß man Pelz zu sehen meint, und am Busen fehlt nicht die Schleife und im Haar nicht das bunte Band. Diese fröhliche Armut ist das Werk guter Mütter.

Freilich reicht in ärmeren Kreisen der gute Wille auch der besten Mütter nicht aus, wenn ihre Kinder aus Mangel an Nahrung, guter Luft und freier Bewegung dahinkränkeln. Die Ärzte kennen ja das Hauptleiden der armen Kinder, das in Wien wie in jeder großen Stadt daheim ist: die Blutarmut mit allen ihren bedenklichen Folgen. Staat und bürgerliche Gesellschaft, wie sie gegenwärtig bestehen, können in dieser

Sache nur wenig tun; man ist angewiesen auf die Mildtätigkeit der einzelnen, die allerdings viel vermögen, wenn sie sich aneinander anschließen. Vor geraumer Zeit haben Louise Meißner und Engelbert Keßler einen Wiener Ferien-Kolonien-Verein für Kinder ins Leben gerufen. Großherzige Wiener Frauen, wie die gegenwärtige Vize-Präsidentin des Vereins, Frau Marie Schönecker, geborene Bösendorfer, haben sich an die Spitze des schönen Unternehmens gestellt und bisher die schönsten Erfolge gewonnen. Nun handelt es sich darum, in einer Vorstadt von Wien ein Kinderheim zu schaffen, den leidenden Kleinen ein Haus mit einem großen Garten aufzuschließen. Wird Wien sich spotten lassen, wenn man an es herantritt mit der Bitte um milde Beiträge? Wer möchte nicht bitten für leidende Kinder, und wer möchte es über sich bringen, ihnen eine Gabe zu versagen? Es gilt ja, für die Gesundheit und Tüchtigkeit der nächsten Generation zu sorgen.

Wer glückliche Mutter ist, und wer des Glückes entbehrt, Mutter zu sein – beider Gedanken sind ja doch nur bei den Kindern. Es ist der Wunsch trefflicher Mütter, daß es fremden Kindern so gut ergehen möge, wie ihren eigenen, und nicht minder der Wunsch kinderloser Frauen, daß es fremde Kinder so gut haben möchten, als ob es ihre eigenen wären. In der Mildtätigkeit drückt sich dieser schöne Gedanke praktisch aus.

(Am 24. Dezember 1893)

Aus der Kinderwelt

Wieder ist der Wald in der Stube, und der Geruch des Tannenbaumes, von dem wir doch alle wissen, daß er nichts weiter ist, als flüchtiges Harz, schmeckt uns wie überirdisches Labsal. Es ist die Freude der Kinder, die uns die Sinne so verklärt, die uns das sonst Gleichgültige zum Bedeutsamen erhöht, denn wir sehen heute mit ihren hellen Augen, riechen mit ihren neugierigen kleinen Nasen. Wir Alten werden selbst wieder grün, und unsere grauen Haare sind nur mißverstandene Blüten, und unsere Falten hat die Sorge nur für ein glückseliges Lächeln gegraben. Wie auch das Leben sonst mit uns spielen mag, heute dürfen wir ein Glück genießen, wenn auch nur ein Glück, welches eine Kinderhand umspannt. Der Anblick der glücklichen Kleinen stillt unser unruhiges Begehren, läßt uns auf einen Augenblick unser fieberhaftes Streben und Haschen nach allem Möglichen und Unmöglichen vergessen. Wie das Kind seine Ideale erreicht, sehen wir vor uns. Sein Ideal ist ein saftiger Apfel, eine schimmernde Nuß, und wenn es hochgeht, ein bunter Hansel oder eine aufgedonnerte Gretel. Die Sorge – auch für uns einst eine große Sorge – nämlich ob der Hans und die Grete einander bekommen, ficht das Kindergemüt noch nicht an. Das Kind schaut sich nicht um nach der Quelle, es läßt sich im behaglichen Gefühl des Daseins und der Gegenwart ruhig dahintreiben, als ob das immer so gewesen wäre und immer so sein müßte. Das Paradies in diesem Paradiese ist ihm aber Weihnachten, wo an den Zweigen des Tannenbaumes – keines Baumes der

Erkenntnis, sondern der Unschuld – die Erfüllung seiner kühnsten Wünsche hängt. Jede brennende Kerze beleuchtet eine Freude, ist selbst eine Freude. Die Mutter spart daher nicht mit Lichtern (hat sich doch die Biene für uns bemüht!), und ich sehe eine Frau, die zuletzt noch zwei Kerzen für »entflogene Seelen« aufsteckt, die eine für den Vater, der den Kindern fehlt, die andere für das Kind, das ihr der Himmel aufbewahrt. Die Kleinen schauen sie verwundert an, wie sie weint, und sie gedenkt des Glückes, das sie genossen, sieht das Glück, das ihr geblieben, und über ihre von Tränen genetzten Wangen gleitet ein dankbares Lächeln. Weihnachten, das Fest der Kinder, die ein Genie für das Glück und eine große Gabe des Beglückens haben, nimmt auch dem Schmerz seine äußerste Bitterkeit.

Die Kinder – sie sind in der Tat das größte Thema der Welt. Man wird mit ihnen nicht fertig, weder im Leben, noch im Denken und Dichten. Indem ich daran dachte, ihnen zu Weihnachten an diesem Orte ein Geschenk zu machen, sah ich mein Unvermögen sofort deutlich ein. Wäre ich ein Rothschild, ich würde ihnen ein Bergwerk von Lebkuchen verschreiben; wäre ich ein Dichter, ich würde ihnen ein Märchen erzählen. Aber eines wenigstens kann ich tun im Interesse der Kleinen, ich kann den Vätern und Müttern einen bei uns nicht viel gelesenen Dichter verraten, der von den Kindern in der schönsten und würdigsten Weise spricht. Der Dichter ist zwar ein Franzose und hat in Herzenssachen das Vorurteil wider sich; aber schlagt es nur auf, sein Buch, das von den Kindern handelt, und ihr werdet sehen, daß Gemüt und Sinnigkeit nicht ausschließlich ein Gut der germanischen Völker ist. Der Dichter ist kein anderer als Victor Hugo, und das Buch, das ich meine, ist betitelt: »Die Kunst, Großvater zu sein« (»*L'art d'être grandpère*«). Es ist im vorigen Sommer erschienen und hat mir zur Winterzeit Haus und Herz gewärmt, und ich denke, es ist eine gute Tat, diesem Buche den Weg in die deutsche Familie zu vermitteln. Ohne Umschweif gesagt: es ist ein reizendes und zugleich ein großartiges Buch, reizend durch das zarte Eingehen in das Kinderleben und großartig durch die Gesinnung, in welcher es geschrieben oder vielmehr gedichtet ist. Denn es sind Gedichte, die den mannigfaltigsten Ton anschlagen, von der näselnden Kindertrompete bis zu den tragischen Donnern der Weltgeschichte. Von Victor Hugo kann man lernen, daß man in der Kinderstube nicht notwendig versimpeln muß, daß man kein Philister zu sein braucht, um an den kleinsten Familienereignissen innigen Anteil zu nehmen. Ein Mann, dem kein Gedanke zu hoch schwebt, daß er ihn nicht im Fluge einholte, dem, wenn seine Leidenschaft erregt wird, kein Denken und Empfinden zu kühn ist, er kann stundenlang an der Wiege seiner Enkelin, eines kleinen Geschöpfes von zehn Monaten, weilen, um den Duft ihrer Unschuld einzuatmen, um ihre Bewegungen und Träume mit liebevollem Auge zu überwachen. Er liebt die Wiegen, diese »Nester aus Seide und aus Spitzen«; ihn, den Genius, zieht das Genie des Kindes an; ihr Lallen, ihr Stammeln, ihr »Zwitschern« – wie er es nennt – deutet er als tiefe Offenbarungen der Natur. Es ist rührend, zu sehen, wie dieser Mann, ein Revolutionär als Dichter und als Politiker, mit dieser unendlich kleinen Enkelin spielt, wie sie ihm wichtig wird über alles, wie er vor dieser winzigen Probe der Göttlichkeit im Geiste kniet. Er, der die Sprache oft schleudert, wie ein Titan die Felsblöcke, findet dann die schlichtesten Laute, ja, ihm kommen Worte von einer Einfalt in den Mund, die man diesem wiehernden Phrasenhengst – denn auch in der Phrase ist er zuweilen groß – nicht im mindesten zutrauen würde. Die »schlafende Jeanne« ist ein Thema, das Victor Hugo nicht müde wird, immer wieder aufs neue abzuwandeln. Jeanne schläft. Sie läßt, der arme verbannte Engel, ihre Seele sich im Unendlichen ergehen; so flieht der Sperling in die Kirschenhecke. Bevor sie an dem bittern Kelch des Lebens nippt, versucht sie noch einmal mit dem Himmel anzuknüpfen. Heiliger Friede! Ihre Haare, ihr Atem, ihre blühende Haut, ihre unverständlichen Gebärden, ihre Ruhe, wie ist das alles auserlesen! Der alte Großvater, ein glücklicher Sklave, ein erobertes Land *(pays conquis)*, betrachtet sie. Dieses Geschöpf ist hienieden das geringste und das höchste. Um ihren Mund spielt ein keusches, rätselhaftes Lächeln; wie schön sie ist! Sie hat Fettfalten (wir sagen hierzulande »Schnuzen«) am Halse; sie duftet wie eine Blume. Eine Puppe liegt neben ihr, und das Kind drückt sie zuweilen an das Herz ... Oh, weckt sie nicht! Das schlummert wie eine Rose. Jeanne denkt und fügt sich im Schlafe etwas Himmlischeres als den Himmel zusammen. Von Lilie zu Lilie, von Traum zu Traum sammelt sich der Honig, und die Seele des Kindes arbeitet in den Träumen, wie die Biene in den Blumen ... Victor Hugo verfügt über eine Masse kleiner Züge, die ebenso glücklich beobachtet als poetisch sind. Er läßt der einschlafenden Jeanne seinen Finger, der ihre ganze Hand füllt; ihre kleinen Arme sind kaum noch Arme, sondern Flügel; da sie erwacht, erschließt sie das Augenlid, streckt sie einen lieblichen Arm aus, bewegt erst – wie reizend gesehen und einfach gesagt! – den einen Fuß, dann den andern und fängt so himmlisch zu lallen und zu zwitschern an, daß sich aus der Höhe Köpfe hinniederneigen, um sie zu hören. Die Mutter aber sucht nach dem zärtlichsten Ausdrucke für ihre Liebe und sagt zu dem Kinde: Bist du wach, du Ungeheuer?

Victor Hugo ist der zärtlichste, der hingebendste Großvater, und nie haben Enkel eine solche Liebe erfahren, wie George und Jeanne, die verwaisten Kinder seines älteren Sohnes. Er ist ein Parteigänger seiner Enkel, der Kinder überhaupt. In dieser Rolle ist er der Schrecken der vernünftigen Leute, da er durch unberechenbar weitgehendes Mitgefühl ihr Erziehungssystem über den Haufen zu werfen droht. Er ist hier Revolutionär wie überall, Revolutionär aus überquellender Seelengüte. Er macht sich zum Mitschuldigen der kleinen Naschmäuler, indem er Süßigkeiten, die für den Nachtisch bestimmt sind, den Enkeln ausliefert und zu dieser Leckerei arme Kinder von der Straße einladet. Ist ein Kind wegen irgendeines Verbrechens auf trockenes Brot gesetzt, so gesellt er sich zu ihm und spielt ihm den Topf mit eingemachten Früchten in die Hände. Die großen Leute klagen ihm: so könne man das Regiment nicht aufrechterhalten, wenn er alle gesetzlichen Schranken niederwerfe. Er sei ein gemeinschädlicher Mensch, ein Ungeheuer aus Liebe. Halb gibt er es zu, halb wieder nicht. Ein Kind um eines Apfels willen züchtigen? Nein! Nimm deine Rechte mehr in acht, o Bauer, als deine Apfelbäume, und wirf kein Ja in die Urne, wo ein Nein deine verfluchte Pflicht und Schuldigkeit wäre. Hier springt er als kinderliebender Sophist und Verächter des Bonapartismus in die Politik über. Und aus der Politik kehrt er wieder zurück zu den Kindern. Er sitzt wieder an Jeannes Wiege. Seine Kämpfe gegen Thron und Kanzel stürmen ihm in der Erinnerung durch die Seele; mit gerechtem Selbstgefühl gedenkt er seiner Reime, die wie Taten gewirkt. In diesen Kämpfen sei er vierzig Jahre hindurch stolz, unbezwungen, siegreich gewesen; und nun – mit einem Blick auf Jeanne – habe ihn ein Kind besiegt, ein kleines Kind. Hier ist er biegsam, schwach, ein Held im Gehorchen und Erdulden. Kinderliebe ist ihm Religion. Er hat da merkwürdige Worte: Die Söhne unserer Söhne tun es uns an; ein Kind kann mich dumm machen, und ich habe deren zwei: George und Jeanne; das eine ist mein Führer, das andere mein Licht. Aber diese zwei machen ihn zum Freunde aller Kinder. In dem herrlichen Gedichte: »Die unbefleckte Empfängnis«, das aus dem zartesten Geplauder zu einem mächtigen Zorneston anschwillt, entwirft Victor Hugo das folgende köstliche Bild:

Überall Kinder. Wir sind im Tuileriengarten. Mehrere George, mehrere Johannen, mehrere Marien: der eine trinkt an der Brust, der andere schläft. Im Baum eine Nachtigall. Ein Mädchen versucht seine Zähne an einem Apfel. Die ganze heilige Morgenfrühe der Menschheit. Man schwätzt, man lacht; man plaudert mit seiner Puppe, die viel Geist entwickelt; man ißt Kuchen und springt über die Schnur. Man verlangt von mir einen Sou für einen Armen, ich gewähre einen Frank: Danke, Großvater, und man kehrt zum Spiele zurück. Und man klettert, man tanzt, man singt. Oh, blauer Himmel! – Du bist das Pferd. Gut. Du ziehst am Wagen, und ich bin der Kutscher. Hist, hott, halt! Spielen wir Plätzewechseln: Schneider, leih' mir dein' Scher'! Nein, Blindekuh ... Das alles ist reizend, sage ich. Und ihr sagt: Das ist abscheulich, das ist die Sünde!... Und nun von Seite des Dichters welches Donnerwetter über jenes Dogma! Man muß das lesen, aber (aus Gründen) nicht hier, sondern im Buche selbst. Und die starken Worte, die er hier gegen die Kirche und einen falsch verstandenen Himmel schleudert, schließen das tiefste religiöse Gefühl nicht aus. Es macht sich am schönsten Luft in dem Gedichte: »Die armen Kinder«. Man solle fein säuberlich fahren mit diesen kleinen Wesen, den Kindern; es sei etwas Großes an ihnen, sie schließen Gott ein. Sie sind seine Gabe, in ihr Lächeln lege er seine Weisheit, in ihren Kuß seine Vergebung. Das Glück sei ihr angeborenes Recht: »Wenn sie hungern, weint das Paradies; wenn sie frieren, zittert der Himmel. Oh, welch ein Grollen des Donners in den Himmelsräumen, wenn Gott, der uns die Kinder mit Flügeln gesendet, sie in Lumpen gehüllt wiederfindet!«

Man sieht, kein Sozialismus, nur die reine menschliche Empfindung. Aber seiner politischen Anschauung, seinem Widerwillen und Zorn gegen die Widersacher seiner Meinung läßt Victor Hugo überall die Zügel schießen.

Häufig in seinen Kinderliedern kommt der Politiker zur Erscheinung, und am Schlusse des Buches stehen noch einige Gedichte, die er den Kindern zu lesen empfiehlt, wenn sie einst erwachsen seien. So soll man aus der Kinderstube kommen: ein ganzer Mann und ein ganzer Bürger. Vaterland, Freiheit – die großen heiligen Klänge, die an jedes gute Herz mit Zaubergewalt schlagen, läßt Victor Hugo in diesen Versen mächtig erklingen. Wir streiten nicht mit ihm über seine poetische Behandlung der Deutschen – er ist Franzose; aber unsere Poeten könnten von ihm lernen, wie man ein großer Dichter sein kann, ohne vor den Gewaltigen dieser Welt den Rücken zu beugen, und daß die zarteste Empfindung stolze, trotzige Männlichkeit nicht auszuschließen braucht. Haben sie dies einmal begriffen und diese Einsicht in Gesinnung verwandelt, so kann auch einmal unsern Weihnachtstisch ein Buch in deutscher Zunge schmücken, das mit dem schönen Buche von Victor Hugo um den Preis der Zartheit und Männlichkeit streitet.

(Am 25. Dezember 1877)

Aus der Kinderstube

Geschrieben am Weihnachtsabend 1864

»Oh, wäre ich ein wenig allmächtig und unendlich, ich wollte mir ein besonderes Weltkügelchen schaffen und es unter die mildeste Sonne hängen, ein Weltchen, worauf ich nichts setzte, als lauter dergleichen liebe Kinderlein, und die niedlichen Dinger ließ ich gar nicht wachsen, sondern ewig spielen.« Den ganzen Weihnachtsabend summen mir diese traulichen Worte durch den Sinn, die der treuherzige Walt in den »Flegeljahren« spricht, und ich mußte meinen grün gebundenen, in Gold gepreßten Jean Paul vom Bücherbrett holen, um mich des Wortlautes der gemütvollen Stelle zu versichern. Die Feder will mir aber schier den Dienst versagen, denn alle guten Geister der Weihnachtszeit rumoren durch das Haus. Das ist ein Flüstern und Kichern, ein leises Klopfen an die Wände, ein Huschen und Rascheln und Rauschen, daß man fast an einen Spuk glauben möchte; dazwischen tönen liebliche Kinderstimmen, von freudiger Erwartung und kleiner Ungeduld geschwellt. Auch riecht es im Hause wie harziger Waldesduft, und ein Rauchfaden von Wachskerzen zieht sich ahnungsvoll durch die allzu rasch wieder geschlossene Tür. Geduld ihr Kinder, wißt ihr denn nicht, daß alles Zögern nur den Sinn hat, euch zu überraschen? Ihr seid ja die Könige dieses Festes, und nie sind einem Machthaber der Welt treuere und mehr von Herzen gehende Vasallendienste geleistet worden, als euch. Wenn ihr, liebliche Tyrannen, die unumschränkte Gewalt kennen würdet, die ihr über unsere Gemüter übt! Stärkere

Bande, als welche Kinder zwischen Menschen knüpfen, gibt es nicht auf dieser Erde. Man hat euch Unterpfänder der Liebe genannt, und ihr seid's, denn wie oft, wenn der Rausch der Leidenschaft verraucht ist und die Nüchternheit ihr Grau in Grau zu malen beginnt, zieht ihr wieder goldene Fäden zwischen den einander entfremdeten Herzen, ja wenn ihr hingestorben seid in frühem Alter, schwebt ihr noch als einende Schutzengel über Mann und Weib. Ihr seid der nie versiegende Jungbrunnen der Liebe, in den man kein einziges Mal ohne die kräftigste Herzstärkung steigt. Die alte schöne Legende vom langen Christoph erzählt von euch und uns, wie dieser baumstarke Heide ausging in die Welt, um den mächtigsten Herrn zu suchen, und nachdem er selbst den Teufel als zu schwach befunden, einem Kinde den Nacken beugte. In dieser Geschichte sehen wir uns alle versinnbildet. Wem alle Herrlichkeiten hienieden nichts anzuhaben vermochten, wen selbst das Auserlesenste dieser Welt: ein schönes und gutes Weib nicht zu bändigen wußte – vor einem Kinde, das ihn mit unschuldsvollen Augen anschaut, das ihm die hilflosen Händchen entgegenstreckt, wird er klein und demütig. Solch ein schwaches Geschöpf, das ein Windhauch umwirft, bändigt den wildesten Mann, und wäre ich ein Poet, ich wollte euch die Geschichte von einem Vater erzählen, der von seinem Kinde erzogen wird, und die euch gewiß rühren müßte. Aber selbst hilflos wie ein Kind, schlummert sie mir im Gemüt, und ich kann sie, ob mich auch tausend Wehen plagen, nicht entbinden. An solchen Tagen, wie der heutige ist, kann es einen schmerzen, kein Dichter zu sein.

Und da ich nun nicht fliegen kann, gehe ich gut bürgerlich zu Fuße und schaffe mir einen Stock, auf den ich mich stütze. Mir sind allerhand Bilder durch die Hand gelaufen, die sich als Weihnachtsgeschenke empfehlen. Da halte ich einen säuberlich gearbeiteten Kupferstich fest, der mich als ein Idyll der deutschen Familie aufs lieblichste anmutet. Es ist das Bild: »Nach der Taufe,« von Ludwig Knaus. Wie ich die grauen Schatten anblicke, werden sie warm und lebendig, und da blüht das früher geschaute Werk in heiteren Farben vor mir auf, gleich wie eine dürre Jerichorose, im Advent ins Wasser gestellt, um Weihnachten wieder lebendigen Trieb in sich verspürt.

Ein Fatschenkindlein, kaum vierzehn Tage alt, ist der Held dieses liebenswürdigen Gemäldes. Es wird nach Jahren einmal erfahren, daß es heute getauft worden, und wie hoch es bei dieser Gelegenheit hergegangen. Wie es jetzt daliegt, in rot geränderten Flanell gebunden, mit einer von blauen Seidenbändern besetzten Haube angetan, hat es keine Ahnung, daß es dem natürlichen Heidentum, welches wir alle mit auf die Welt bringen, soeben abgesagt und Glied einer höheren Gemeinschaft geworden, ja es weiß ebenso wenig wie wir, die ihm neugierig ins Gesicht gaffen, ob es ein Mägdlein ist oder ein Knabe. Die Wahrheit zu sagen: Das Ding schaut herzlich dumm, und als ob es von einem scharfen Lichtstrahl geblendet wäre, in die Welt hinein, und gewiß ist die ganze unergründliche Mutterliebe oder das eifersüchtige Selbstgefühl des Vaters vonnöten, um diese Kinderzüge, welche die Natur kaum aus dem Groben herausgearbeitet, schön zu finden. Wie bedenklich ist die tief eingesattelte Nase noch in Unordnung, wie unreif Mund und Stirne, und wie notdürftig kann der innere Mensch zu den Augen, den lieblichen Fenstern der Seele, herausschauen! Und doch ist es schon mehr als acht Tage her, seit der mittelbare Urheber dem Neugeborenen den ersten Kuß (ein ausschließlich im Rausch der Vaterfreude genießbares Glück) auf den Mund gedrückt. Dem jungen Geschöpf kommt unsere kalte Welt bei jedem Atemzuge noch untröstlich vor, denn es träumt noch von der schönen Wärme, die es – dem dunklen Gefühl muß es wie eine

Ewigkeit vorkommen – mütterlich umhüllte. Aber siehe, für das verlorene sonnenwarme Eden winkt hinten in der Bauernstube als mächtiger Tröster der grüne Kachelofen, und was mehr bedeutet als alle grünen Kachelöfen der Welt – Teilnahme und Liebe kommt dem Kinde von allen Seiten entgegen. Ja wir fürchten, dem armen Wurm droht mehr Liebe, als ihm gesund sein wird. Der treffliche Pfarrer des Ortes, der seine gedeihlichen etliche und sechzig Jahre mit behäbiger Gelassenheit trägt, schaukelt, inmitten der Stube sitzend, den jungen Weltbürger auf seinen Armen und ist in liebevolles Anschauen des kleinen Meerwunders dermaßen vertieft, daß wir ungeladenen Gäste des Taufschmauses nicht einmal seine gemütvollen Augen (denn gemütvoll müssen sie sein) erschauen können. Dem Pfarrer zur Rechten steht ein altes Bäuerlein, dem die Augen vor lauter Wollust des Schauens schier aus dem Kopfe fallen wollen, und zur Linken des geistlichen Herrn beugt sich ein mit einer schwarzen Florhaube aufgeputztes Mütterchen über das Antlitz des Kindes, als wollte es sich selbst (man kennt den Zauber) im Wasserspiegel eines Kübels sehen. Wir hören das liebe Geschwätz der guten alten Leute: wie das Kind dem Vater gleichsieht! meint die Alte – nein, der Mutter! wirft das graue Bäuerlein ein, und beide meinen das Gegenteil des Geschlechtes, nämlich im Grunde jedes sich selbst. Mit nichten, sagt gelassen der geistliche Herr, die Nase hat das Kind vom Vater, von der Mutter aber die Augen – und Hochwürden bedenken nicht, daß besagtes Kind fast noch keine Nase und kaum etwas, das ein Christ Augen nennen wird, im Kopfe hat. Wie dem auch sei, jene zwei alten Bauersleute sind die schlimmsten Feinde des gefeierten Täuflings, sie sind seine Großeltern. Sie werden mit der Zeit die Erziehungsmethode der Eltern kreuzen, dem Kind Zuckerwerk zustecken und es verhätscheln, als gäbe es keine Schwerkraft in der Welt, keine Rippenstöße und Ohrfeigen. Ach, die Gebeine der guten Alten werden längst modern, und du, o Kindlein, seiest du nun ein Bub oder Mädchen, wirst dann erfahren müssen, welch ein hartes und herbes Ding das sei, was man Leben nennt. Wir gönnen dir deinen Kindheitshimmel, mögest du nicht allzu jäh auf die Erde fallen!

Doch hast du einen Schutzengel, einen holdseligeren kann man sich kaum wünschen. Es ist die lieblich erblühende Jungfrau, rotes Häubchen auf blondem Haare, die jenem alten Strobelkopf – deinem Großvater – über die Achsel schaut. Wie alle geistig gesunden Mädchen sich als künftige Mütter denken oder träumen, so scheint auch diese bäuerliche Schönheit, indem ihr Blick auf dem Täufling ruht, mit ahnungsvoller Seele über jenen rätselhaften Brunnen, aus welchem die Kinder geschöpft werden, zu schweben. Ein holdes Unschuldsgesicht, in welchem die Geheimnisse der Liebe traumhaft aufdämmern. Sie ist die Schwester der Mutter und Pate des Kindes. Ihr Schützling wird viel Liebe bei ihr finden, doch nicht übertrieben, denn Klugheit und Energie können ihre Züge nicht verleugnen; nur steht zu befürchten, daß sie zu rasch aus dem Haus heiraten werde, denn jetzt schon laufen ihr die jungen Bursche des Dorfes auf Tritt und Schritt nach ...

Diese ganze Gruppe, deren Mittelpunkt das Wickelkind, nimmt die rückwärtige Langseite der zum Taufschmaus hergerichteten Tafel ein. Auf der Bank gegenüber, den Rücken gegen unser Auge gekehrt, sitzt sehr nachlässig (denn die Gouvernante weilt noch in Genf) ein junges Mädchen, die Ellbogen auf den Tisch gestemmt und gleichgültig dreinschauend; der wohlbeschlagene Schuh ist ihr vom rechten Fuß gefallen, so daß man letzteren in seiner naturwüchsigen Schönheit durch den eng anliegenden Strumpf hindurch bewundern mag. Neben ihr, aus dem lang herabfallenden Tischtuch, taucht ein schwarzer Rattenfänger auf, der vor lauter Haaren kaum aus den

Augen schauen kann; aber die weit heraushängende scharlachrote Zunge predigt überzeugend genug die von Kaffeegeruch und Kuchenduft aufgestachelte Gier nach Fraß. Was dieses aufgeregte Tier gern tun möchte, vollbringt in reichlichem Maße sein Tischnachbar, ein junger, kräftiger Bauernbursch, welcher, völlig unberührt von der feierlichen Gelegenheit, seinem Kaffee und dem stattlich aufgegangenen, von Rosinen durchspickten Gugelhupf tüchtig zusetzt. Nicht einmal die neben ihm zur Tür hereintretenden neuen Gäste vermögen ihn in seiner eifrigen Arbeit zu stören.

Und Vater und Mutter? wird man fragen. In einem Lehnstuhle sitzt die Wöchnerin, eine liebliche schlanke Gestalt, und wendet kein Auge von ihrem Jüngstgeborenen. Ihr Gesicht erstrahlt im höchsten und verführerischsten Glanze weiblicher Schönheit, der immer vorhanden, wo ursprünglich edle, aber durch physische Leiden alterierte Züge von einer innigen Gemütsfreude verklärt werden. Nur glauben wir, daß diese an sich so schöne und erquickliche Frauengestalt durch einen Mißgriff in diese Bauernhütte geraten sei; sie scheint mehr Bildung zu besitzen, als ihre bescheidene Lage mit sich bringt: den Auerbach hat sie jedenfalls gelesen und vielleicht auch den Schiller. Desto bauernhafter und fast in unerlaubter Weise uninteressant ist der betreffende Vater. Von seinem neuen Glücke scheint er fast nichts zu wissen, er beschäftigt sich mit einem älteren Töchterchen, das er in den Armen hält, und welchem er Backwerk in den Kaffee tunkt. Vater und Mutter, sowohl jedes für sich als in ihrem Gegensatze betrachtet, zerreißen ein wenig die glückliche Stimmung des übrigen Bildes, und der die Stube erfüllende Kaffeeduft, welcher, gleich einem Atem der Behaglichkeit, aus den bunt geblümten Geschirren raucht, hat viel Mühe, die Einheit der Stimmung wieder herzustellen. Einiges zu diesem Behufe tut auch die in der

Behausung vorhandene Literatur, eine Bibel und ein Kalender – Schriftwerk genug, um den Bedürfnissen sowohl der Welt als der Ewigkeit zu genügen.

Wie aber hätte ich Zeit und Raum, die aufdringliche alte Schwiegermutter Kritik zu Wort kommen zu lassen? Hinter mir brennt schon der Weihnachtsbaum, und wenn ich nicht rasch abbreche, stürmen mir die Kinder den Schreibtisch.

(Am 28. Dezember 1864)

Märchenhaftes

Friedrich Mitterwurzer

Man soll Märchen nicht dichten wollen. Märchen dichten sich selbst! So dachte und sagte man zu einer Zeit, da in Sitte und Recht, in Mythus und Dichtung die naturwüchsige Entwicklung als Grundgesetz für Menschen und Dinge galt. Das hinderte aber die Leute keineswegs, neue Sitten einzuführen, neue Gesetze zu machen, neue Glaubenssätze zu prägen und neue Märchen zu erfinden. Das Leben ist aber stärker als die Lehre. Was neue Märchen betrifft, so spielt uns der Zufall gerade zu dieser Kinder- und Hausmärchenzeit ein zierlich gebundenes und gepreßtes Bändchen in die Hand: »König Drosselbart«, ein Gedicht von E. Bügner (Wien, Carl Geroids Sohn). Die sinnige Behandlung, welche die Umwandlung der hochmütigen Königstochter aus äußeren Umständen mehr in das Gemüt hineinverlegt, verrät eine Damenhand, und die ungewöhnliche Sprachgewandtheit, die hier waltet, läßt auf literarische Blutsverwandtschaft schließen. In dem Namen Bügner klingen fast sämtliche Konsonanten und der sie beherrschende Vokal des Namens eines berühmten Wiener Historikers wieder, der einst mit jugendlich starker Hand die Grundlinien der Geschichte Österreichs gezogen und in diesen Jahren das alte historische Märchen von dem edelgesinnten und mißhandelten Königssohne Don Carlos zerstört hat. König Philipp und König Drosselbart! Unsere Töchter sorgen dafür, daß die Märchen nicht aussterben ... Märchen, die sich selbst gedichtet haben – Volksmärchen –

und Märchen, die gedichtet worden sind – Kunstmärchen – werden übrigens immer noch in gewisser Weise auseinandergehalten. Ob Friedrich Mitterwurzer, als er die Wiener wiederholt zu seinen Märchenvorlesungen einlud, an diesen Unterschied gedacht hat, ist sehr zweifelhaft. Sein genialer Kollege Bernhard Baumeister wies letzthin einen doktrinären Schauspieler, der ihn durch gelehrte Dokumente von seiner eigenen Künstlermeinung abbringen wollte, mit den Worten zurück: »Gehen Sie nur mit solchen Floskeln und Flausen! Ich bin ein alter Puppenspieler und spiele einfach, was in meiner Rolle steht.« So im besten Sinne gedankenlos mag auch Mitterwurzer gehandelt haben, als er auf sein Programm zweierlei Märchen setzte: ein gedichtetes und ein gewachsenes. Das gedichtete Märchen »Vom unsichtbaren Königreich« entnahm er Richard Leanders »Träumereien an französischen Kaminen«, und das gewachsene »Von einem, der auszog, das Fürchten zu lernen« holte er sich aus der Märchensammlung der Brüder Grimm. Mit dem Buche in der Hand stand Mitterwurzer vor der Hörerschaft, aus der Knaben und Mädchen bis herab zu einem Alter von vier Jahren ihre neugierigen Köpfe reckten. Er las, wenn man das lesen nennen kann. Lesen, erzählend lesen, war wohl der Grundcharakter des Vortrages, aber über dem Lesen entwickelte sich ein lebendiges Spiel, das sich, begleitet von mehr andeutenden als ausgeführten Mienen und Gebärden, auf der ganzen Tonleiter der Sprache hin und her bewegte. Man fand in ihm wieder den hochbegabten Künstler, der uns die alten Figuren des Benedixschen Lustspiels wieder nahegebracht, der die Gestalten von Ibsen und Sudermann beseelt, der uns einen König Philipp vorgeführt, welcher nicht Tyrann, sondern Mensch war, und der überhaupt die halb eingeschlummerte Schaulust des Burgtheater-Publikums wieder geweckt und befeuert hat. Er schlug bei seinen Märchenvorlesungen einen traulichen, treuherzigen Ton an, traf die Stimmung jeder Situation und hob mit Vorliebe die dramatischen Momente hervor. Ein ganz eigenes Talent entwickelte er in der Landschaftsschilderung, die erst im modernen, im gedichteten Märchen ihre Stelle gefunden hat. Im Märchen »Vom unsichtbaren Königreiche« wird ein Flußtal geschildert, in das der Mond scheint: Wellen und Wald rauschen und erzählen seltsame Sachen. Durch gedehnte Worte eröffnet uns der Vorleser die Aussicht in das lange Tal; er läßt im Worte die Musik der Landschaft widerklingen, man sieht hörend die Natur. Die Beschreibung schließt mit dem Satze: »Es war ein wunderbares Tal!« Da nimmt sich Mitterwurzer das Wort »wunderbar« heraus. Er läßt das schöne Wort musikalisch wirken, er läßt es klingen, ohne daß er singt. Aus dem dunkleren »u« bricht das helle »a« wie ein Tag aus der Dämmerung. Wir haben nie eine herrlichere Wortmusik gehört.

In der Pause zwischen den beiden Märchen dachten wir uns in unsere Knabenzeit zurück. In unserem Hause war eine Magd, die rote Hanne, die aus ihrem Geburtsort Wiesensteig im Filstale einen sprudelnden Reichtum von Märchen mitgebracht hatte. Ihr Gedächtnis war erstaunlich, und es machte ihr Vergnügen, aus der Fülle ihrer Erinnerungen mitzuteilen. Sie konnte sich wohl messen mit der berühmten hessischen Märchenfrau der Brüder Grimm. An Winterabenden, wenn sie spinnend am Ofen saß, den Flachs von dem Rocken zog und die gedrehte Spindel tanzen ließ – denn damals spann man sich die Leinwand noch selbst, schickte das Garn zum Weber, die Weben auf die Bleiche – dann begann die Magd zu erzählen und tat es so lange, bis nicht sie, sondern wir Kinder erschöpft waren. Dann hörten wir die Spindel wohl noch in den Halbschlummer herein surren und freuten uns schon auf den nächsten Abend. Die rote Hanne sprach nicht ganz so, wie Mitterwurzer las. Ihre Erzählung hatte mehr epischen

Fluß, arbeitete das Gespräch und die dramatischen Momente nicht so stark hervor. Mitterwurzers Methode hat aber auch ihren Vorteil, besonders dem modernen Märchen gegenüber. Es ist, wie wenn ein Diamant aus seiner Fassung springt und nun auch an den Stellen, die früher bedeckt waren, zu funkeln beginnt. Das echte Volksmärchen, wie das »Von einem, der auszog, das Fürchten zu lernen«, wehrt sich vielleicht ein wenig gegen diese Behandlung, weil die Erzählung hier ohne subjektive Zutat ist. Ein heiterer Ton geht durch dieses köstliche Märchen, der gleich im Anfang angeschlagen wird. »Immer sagen sie: es gruselt mir, es gruselt mir! Mir gruselts nicht. Das wird wohl eine Kunst sein, von der ich auch nichts verstehe.« Hinter dieser Heiterkeit scheint sich aber ein stolzes Nationalgefühl zu bergen, das mit Bismarck sagen kann: »Wir fürchten uns vor niemand!« Ja, hinter diesen scherzenden Märchen sehen wir die Deutschen, wie sie kämpfend in die Weltgeschichte treten, kämpfend nicht bloß aus Not, sondern auch aus Lust am Kampfe, daher sie in Byzanz und Rom Verfechter fremder Sachen sind und heute noch in ihren bunten Wämsern, treu und schlagfertig, in den Vorhöfen des Vatikans stehen.

Die deutschen Märchen, die sich selbst gedichtet haben – die Volksmärchen – sollen uraltes Nationalgut sein. Die Gestalten, die darin auftreten, werden als heruntergekommene heidnische Götter betrachtet, die sich vor christlicher Verfolgung in die Märchentracht versteckt haben. Es gibt wohl welche unter den deutschen Märchen, die dieser Ansicht entsprechen, beispielsweise unser allerliebstes Dornröschen. Wodan, der durch die Strahlengluten reitet, um die schlafende Sonne zu wecken, Siegfried, der durch die wabernde Lohe dringt, um Brünhild zu befreien, der junge Königssohn, der durch die Hecken bricht, um Dornröschen zu holen, sie sind wahrscheinlich eine und dieselbe Gestalt: zuerst als Gott, dann als Held, zuletzt als Märchenprinz. So kann nun jeder deutsche Mann, der ein Weib erwirbt, als Gott, als Held, als Märchenprinz empfinden. Aber nur wenige von den deutschen Märchen sind so bequem auszulegen wie Dornröschen, und selbst die nationale Ursprünglichkeit der deutschen Märchen wird bedenklich, wenn man dieselben Märchen, wie die deutschen, unter verschiedenen Himmelsstrichen und Völkerschaften verbreitet findet. Man kann sagen, das beweise nichts gegen die nationale Ursprünglichkeit der deutschen Märchen. Am Fuße des Himalaya blüht ein Gänseblümchen auf, in einem Tale des Wienerwaldes ein anderes Gänseblümchen, die beide nichts voneinander wissen. Oder nüchterner ausgedrückt: ähnliche Notlagen erzeugen ähnliche Gedanken und Erfindungen, ähnliche Gemütslagen bringen ähnliche Dichtungen hervor. Allein die Ähnlichkeit häufte sich in dem Maße, daß man an Entlehnung denken mußte, und ein deutscher Gelehrter (Theodor Benfey) machte die merkwürdige Entdeckung, daß der größte Teil unserer abendländischen Märchen und Novellen in Indien erfunden ist, woher sie uns auf verschiedenen Umwegen durch Mongolen, Islamiten und Juden zugemittelt worden. So leben wir auch nach dieser Seite hin geistig von den Erfindungen des Orients. Und das letzte: daß Dichtungen sich selbst dichten, ist in der Wissenschaft ein schon fast verschollenes Märchen. Überall, wo etwas Bedeutendes geleistet wird, sei es in der Dichtung, in der Wissenschaft, in der Technik, überall steckt ein einzelner Kopf dahinter, den man freilich nicht immer sieht. Selbst die Sprache, in ihrem Ursprunge das dunkelste Gebiet, ist gewiß durch geniale Griffe einzelner Menschen vorwärts gebracht worden, wobei die Frauen, in deren Mund die Rede so leicht und geschmeidig wird, keineswegs auszuschließen sind. Als der Streit um die Verfasser der deutschen Volksepen im

Schwange war, hat Ludwig Uhland das in seiner Anmut so tiefe Wort geschrieben: »Die ganze Masse (des Volkes) ist noch, wie ein Zug von Wandervögeln, in der poetischen Schwebung begriffen, und die einzelnen fliegen abwechselnd an der Spitze.«

Friedrich Mitterwurzer, der stets anregende Künstler, hat uns durch seine Märchenvorlesungen auf diese angenehmen Abwege gebracht, von denen zurückkehrend wir ihn noch einmal dankbar begrüßen.

(Am 25. Dezember 1895)

Spiegelbilder

Es war an einem heiteren Sommermorgen, als eine Schar vorüberziehender Landleute, die eben im Begriffe standen, vor das Dorf zu gehen, um ihre Weingärten zu bestellen, aus einem an der Straße liegenden Landhause einen ungewöhnlichen Lärm vernahmen, in welchem sie die stark hervorgestoßenen Rufe einer Männerstimme unterschieden, denen ein klirrendes Geräusch, wie von auseinanderfliegenden Glasscherben herrührend, nachfolgte. Sie standen eine Weile betroffen stille, indem sie gegen die Fenster des sonst so ruhigen Hauses emporblickten, und zogen kopfschüttelnd weiter, als der Lärm sich gelegt hatte. In dem Hause, das rückwärts an einen ausgedehnten Obstgarten stieß, wohnte Hanns Geißelreiter, ein bemittelter junger Gelehrter, der, von einem tiefen Hange nach Erkenntnis der Dinge beseelt, die Wissenschaft zu seiner eigenen Befriedigung pflegte. Vor kaum einem halben Jahre hatte er seine Frau begraben, und mit ihm wohnten seine zwei Kinder und eine Schwägerin, die ihm den Haushalt besorgte. An jenem Sommermorgen war es in dieser kleinen Familie zu einem ungewöhnlichen Auftritte gekommen. Sie nahmen in dem Bücherzimmer, das zugleich als Speiseraum diente, das Frühstück ein. Als Geißelreiter sich mit schmeichelnden Worten zu seinem jüngeren Töchterchen wendete und von seiner dampfenden Tasse aufsah, bemerkte er an dem Wandpfeiler gegenüber einen großen venezianischen Spiegel, welchen ihm die Schwägerin zu seinem heutigen Geburtstage beschert hat, und aus welchem ihm in diesem Augenblicke sein eigenes Bild mit scharfer Deutlichkeit entgegenwinkte. Kaum hatte er das Spiegelbild erblickt, als ein grimmiger Schmerz seine Züge verzerrte; er sprang rasch auf, und indem er den so freundlich gemeinten Einfall seiner Schwägerin mit heftigen Worten verwünschte, trat er auf den Spiegel zu und schlug ihn mit geballter Faust mitten entzwei. Der starke Schlag auf den spröden Stoff hatte seine Zorngeister einigermaßen abgeleitet, obgleich er die verhundertfachte Spiegelung seines Bildes in den herabklirrenden Glasscherben wie einen persönlichen Hohn empfand. Die beiden Kinder waren in eine Ecke der Stube geflohen und ließen, indem sie sich an den Händen faßten, ihren Tränen freien Lauf. Die Schwägerin, erst von Schreck gelähmt, holte nun ein Waschbecken mit Wasser herbei, in welches Geißelreiter seine aus vielen kleinen Wunden blutende Hand steckte. Er sah mit einem gewissen Vergnügen das Blut aus der Hand rinnen, denn er fühlte seine Brust wie durch einen Aderlaß erleichtert. Eine dumpfe Schwüle lag über das Zimmer gebreitet; leise weinten die Kinder fort, ein nicht ganz bewältigtes Schluchzen verriet die innere Bewegung der armen Schwägerin, dazwischen hörte man das gleichmütige Ticken der Schwarzwälderuhr und ihren die volle Stunde ankündigenden Kuckucksruf. Die Erinnerung an die Zeit und den Tageslauf führte die durch einen gewaltsamen Zwischenfall aufgeregten Geister in das alltägliche Geleise nach und nach zurück. Geißelreiter schwieg zwar noch immer, als aber die sorgsame Schwägerin die Glassplitter aus seiner Hand entfernte und einen Verband angelegt hatte, fühlte er sich doch zu einigen entschuldigenden Worten gedrängt. Sie möge seine Heftigkeit entschuldigen; aber sie wisse ja, daß er sich selbst nicht leiden könne, daß er sich zu entfliehen trachte und daß es ihm bei dieser Gesinnung unmöglich eine Freude machen könne, sein Bild sich gegenüber zu sehen. Er hasse seine eigenen Züge, sie seien ihm aufs tiefste widerwärtig; wenn er sich einmal zufällig selbst erblicke, sei ihm der Tag und die Woche verdorben. Der Spiegel sei daher sein größter Feind ... Nach diesen Worten, die er nicht ohne Selbstüberwindung und ein gewisses Schamgefühl mehr hervorgestoßen als gesprochen hatte, zog er sich auf sein Studierzimmer zurück und ließ sich trotz der dringenden Bitten seiner Kinder, die wiederholt an seine Tür pochten, an diesem Tage nicht mehr blicken.

Wie allen übertriebenen Empfindungen und Zuständen der Menschen, so lag auch dem Selbsthasse und der Selbstquälerei unseres wunderlichen Philosophen ein sehr menschliches Motiv zugrunde. Als er auf Freiersfüßen ging, besuchte er das Haus einer Witwe, die zwei Töchter hatte, von denen er eigentlich die jüngere, seine jetzige Schwägerin, liebte. Die ältere aber benützte die Liebesstimmung des jungen Mannes, wußte sich ihm durch hundert Rücksichten und Gefälligkeiten anzuschmeicheln, und die jüngere Tochter, welche nur in geringem Maße die Gabe besaß, ihren Gefühlen das rechte Wort zu leihen, ließ er beiseite liegen, obgleich er es als einen Schmerz empfand, ihr nicht näherkommen zu können. Da nun vollends die Mutter, wie fast sämtliche Mütter, sich von der Pedanterie nicht losreißen konnte, die Töchter nach der Altersklasse zu verheiraten, kam eine Ehe zustande, die den Absichten des jungen Gatten nicht eigentlich entsprach. Sobald er sich besann, mußte er sich aufrichtig bekennen, daß, wenn er auch die ältere heimführte, sein Herz doch eigentlich der jüngeren gehörte. Doch behauptete der einmal vorhandene Zustand seine gebieterischen Rechte. Man fand sich bei der im Grunde guten Gemütsart der jungen Frau leidlich zurecht, und als sich vollends der Kindersegen einstellte und die zärtliche Mutter nacheinander zwei wohlgestaltete Mädchen in die Arme des glücklichen Gatten legte, schien eine zufriedene Zukunft gesichert zu sein. Leider fing die Frau zu kränkeln an. Eine Brustkrankheit, wie sie sich bei zarten, schlanken Blondinen nicht selten einstellt, zehrte die Frau, ohne daß sie empfindlich zu leiden schien, langsam auf. Nicht ohne Bewegung stand der junge Witwer an ihrem Grabe, denn die Gewohnheit der Lebensgemeinschaft ist ein Band, das manchmal stärker hält, als die heftigste Liebe. Mathilde war tot, und Leonie, die junge Schwägerin, übernahm die Aufgabe, die Kinder zu pflegen und das Haus zu führen. Rasch verdunkelte sich dem Witwer das Bild seiner verstorbenen Frau, weil sie ihn durch Gegenwart und tätiges Eingreifen nicht mehr an sich selbst erinnern konnte und eine innigere Empfindung sie nie verbunden hatte; dagegen machten sich die nie aufgegebenen, nur vertagten alten Herzensrechte auf Leonie wieder geltend. Das mußte er selbst in Gegenwart seiner Kinder empfinden. Das jüngere Töchterchen, schwarz, mit feurigen Augen wie Leonie, war sein entschiedener Liebling, auf den er alle seine Zärtlichkeit übertrug; die ältere dagegen, ihm an Zügen ähnlich, mit dem blonden Haare und den blauen Augen der Mutter, betrachtete er mit einer gewissen Abneigung, die er nur schwer besiegen konnte. Dann aber faßte er die Kleine beim Kopfe, drückte ihr einen heftigen Kuß auf den Mund und leistete dem armen Kinde im stillen Abbitte. Da er aber der geliebten Schwägerin gegenüber sich im Innersten gebunden fand und vergebens nach Worten rang, um ihr sein Empfinden kundzutun, und ebenso sie selbst, eine verschlossene, schamhafte Natur, sein Wesen, Tun und Lassen bloß mit den Augen verfolgte und ihre Liebe im übrigen nur werktätig bekundete, zog sich der junge Gelehrte auf sich selbst und seine Bücher zurück, wobei sich bei ihm jene Abneigung gegen sich selbst ausbildete, die sich in der Zertrümmerung des Spiegels so gewaltsam Luft gemacht hatte. Er schloß sich geistig jener vielverbreiteten Zeitrichtung an, die sich mitten im Tatendrang unserer Tage und recht im Gegensatz zu dem üblichen frechen Vordringen der eigenen lieben Persönlichkeit, in der Neigung gefällt, das eigene Selbst herabzudrücken und es, als etwas für sich Unbedeutendes und Nichtssagendes, in dem allgemeinen Fluß der Dinge aufzulösen. Er huldigte dieser großen Eitelkeit einer sich selbst bespiegelnden Selbstvernichtung. Leidenschaftlich verfolgte er das Bestreben, sein Ich auszulöschen, seine Persönlichkeit zu vertilgen. Mit unseren abendländischen Mitteln der Selbstzerstörung nicht zufrieden, rief er die nun überall bereitwillig sprudelnden Hilfsquellen des indischen Denkens zu seinem Dienste herbei. Die in ihrer Art grandiose Vedantalehre, die, von der Angst der ewigen Wiedergeburt des Daseins hervorgerufen, die lastende Schwere des Menschenlebens durch bloße Selbsterkenntnis und Entzauberung des Welträtsels vom Rücken schüttelt, schlug in seinem Denken mächtige Wellen. Er konnte sich hinuntertauchen in dieses selige Nichts, das doch alles sein soll.

Allein der Genius der Menschheit lächelt über dergleichen Verstiegenheiten des Denkens und Wollens. Spielend löst er diesen Krampf, und das holdselige Lächeln eines Mädchens hat schon manchen Weltweisen, der das Weib für die Verkörperung des Bösen hielt, zu milderer Anschauung bekehrt. Hanns Geißelreiter, der ländliche Philosoph des Pessimismus, wurde gleichfalls auf diesen andern Weg geführt und aus einem unglücklichen ein glücklicher Mann. Seine Schwägerin Leonie fand die Mittel, ihm anzudeuten, daß sie ihn liebe, und Hanns kam ihr auf halbem Wege entgegen. Zu ihrem nächsten Geburtstage schenkte er ihr einen Spiegel. Er selbst fand wieder Wohlgefallen an seinem Gesichte, seit es einem lieben Mädchen gefiel, und dieser Spiegel trog nicht. Als die Weihnachtszeit herannahte, huschten gute Geister durch das Haus. Am

Weihnachtsabend kam das Lieblingstöchterchen Geißelreiters mit roten Backen aus dem Garten herauf und erzählte ihrem Vater, indem sie ihm den Schößling eines Kirschenbaumes reichte: »Sieh, Vater, ich habe einen dürren Zweig vom Baume gebrochen, und als ich ihn knickte, war er innen grün ...« »O, mein Kind!« rief der glückliche Vater aus, »ich danke dir für deine frohe Botschaft.« Dann nahm er das Kind auf und herzte und küßte es; aber auch die blonde Schwester, das geschreckte Kind, umarmte er mit überfließender Zärtlichkeit. Abends aber führte Leonie den bekehrten Hanns in das von Glanz erfüllte Bescherungszimmer. Sie hielt ihm beim Eintreten die Hände vor die Augen und ließ ihn erst frei, als sie vor einem großen venezianischen Spiegel standen. Die Lichter des Weihnachtsbaumes brannten ihnen daraus entgegen, aber weit schöner überrascht war er, als er das geliebte Mädchen, Wange an Wange mit ihm, aus dem Glas herausschauen sah. Die beiden Kinder kletterten an ihnen empor und vollendeten mit ihren lieben Gesichtern das reizende Spiegelbild. »Ich bin so übel nicht,« sagte Hanns lächelnd zu Leonie und drückte ihr einen heißen Kuß auf den Mund. Der Kuckuck aber in der Schwarzwälder Wanduhr rief eine glückliche Stunde.

(Am 25. Dezember 1887)

Das Ammergauer Krippenspiel

Nie kann ich eine Tanne, die zu Weihnachten unsere Wohnungen ziert, betrachten, ohne zurückzudenken, von wannen sie kommt, ohne ihr gleichsam eine Wurzel zu leihen. Hinter dem Baume höre ich den Wald rauschen, und der Harzgeruch, den die grünen Nadeln sehnsüchtig ausströmen, zieht den Sinn, der doch gerade an diesem Tage an Haus und Herd haften möchte, träumerisch in die Ferne. Zuerst muß ich heuer dein gedenken, du traulicher Wienerwald, der du mir zur heißen Sommerszeit gastlichen Schatten geboten hast, und dann denke ich weit und weiter, von der Donau hinauf an die Isar, an deren Ufer bis in die Hundstage hinein so heftige Schlachten geschlagen wurden. Kunstschlachten, Dunstschlachten, auf den Brettern geliefert, nicht auf den Feldern, Schlachten aber, die, bei dem Theatersinne der Deutschen, die Gemüter lebhaft erregten und schließlich eine Erbitterung hervorriefen, die noch heute in verschiedenen Blättern und Blättchen nachzittert. Glücklicherweise liegt auch hinter München Wald und Gebirge, und damals wurde viel Wunders erzählt von dem großen Krippenspiel, genannt Passionsspiel, welches die ländliche Gemeinde von Oberammergau den Sommer hindurch allwöchentlich ins Werk zu setzen pflegte. Da der Schauplatz einladend nahe lag und ein Heraustreten ans dem schwülen Münchener Dunstkreise, der sich durch wahrhaft rasende Abendgewitter vergebens abzukühlen suchte, wünschenswert war, so stellte sich der Gedanke von selbst ein, mit ein paar Freunden, dem allgemeinen Weltzug folgend, nach Oberammergau zu wallfahrten. Kaum je habe ich die ragenden Zwillingstürme der Münchener Frauenkirche fröhlicheren Sinnes hinter mir gelassen, als da ich, das saure Vergnügen des Gesamtgastspiels unterbrechend, an einem dumpfen Julitage dem Hochgebirge zustrebte, um nach so viel Kunst und Künstelei an dem dramatischen Naturspiel der Ammergauer die müde Seele zu laben. Nach einer unerquicklichen Eisenbahnfahrt kamen wir endlich in Murnau an, wo schon das Umsteigen aus einem überfüllten Waggon in ein offenes Gefährt eine Wohltat war. Aus dem Knäuel der verschiedenartigsten Fahrgelegenheiten hatten wir uns rasch losgewunden, ein freundliches Gasthaus bot im Vorüberflug Speise und Trank. Wir waren in unserem Wagen lauter gute Bekannte: ein sanfter Wiener Kollege semitisch-madjarischer Abkunft mit seiner lebhaften geistreichen Schwester; ein liebenswürdiger königlich bayerischer Hauptmann, der seine pfälzische Mundart so eilfertig sprach, daß die eigene Zunge kaum nachkommen konnte, und neben dem Kutscher saß ein junger Bruder Franziskaner, gleichsam ein Feldwebel im Reich der Gnade, der sich durch Heiligenbildchen bei der Dame eingeschmeichelt hatte und von seinem eigensinnigen Vorsatz, unsere Fahrgelegenheit mitzubenutzen, nicht abzubringen gewesen. Trotz geistlichen Beistandes ging die Fahrt ohne besonderen Unfall vonstatten. Das Fahrzeug trug uns sachte hinein in das Hochgebirge, das immer gewaltiger aufstieg, bis wir uns selbst in die Berge verloren. Scherzworte, die zwischen Bock und Wagen, wie zwischen Himmel und Erde hin- und wiederflogen, würzten und kürzten die Zeit. Der steile Ettaler Berg, der zu Fuß erstiegen sein will, war bald genommen, und gegen Abend rollten wir, die freundlichen Ufer der Amper entlang, hinunter nach dem berühmten Bildschnitzer- und Schauspielerdorfe, das wir von einem kosmopolitischen Völkergewimmel erfüllt fanden. Es war der Abend vor dem Sonntagsspiele. An ein Unterkommen, an Sitze für die nächste Vorstellung war nicht zu denken. Wir hatten einen redseligen Berliner in einer Hühnersteige einquartiert gefunden, ein Engländer nächtigte in einem Großvaterstuhle, ein geschmeidiger Junge aus New York schlief auf einer schmalen Küchenbank. Zunächst suchten wir ein Obdach in der Nachbarschaft und sicherten uns Einlaßkarten für die Montagsvorstellung. Uns ward ein köstlicher freier Sonntag, an dem wir zu Wagen und zu Fuß durch das Ammergauer Tal streiften, entzückt von der Schönheit der Landschaft, von der erquickenden sonnigen Luft und von der erstaunlichen Frische des Pflanzenwuchses. Als wir den Hollunderbusch und die Linde blühen sahen, die in der Ebene unten längst Frucht angesetzt hatten, war es uns so wunderlich zumute, als ob wir in die frühere Jahreszeit zurückgingen, und sofort dämmerte die täuschende Hoffnung auf, daß es Möglichkeit und Mittel geben könnte, die verschollenen Jugendtage noch einmal zu erleben. Doch ließ das kräftige Gefühl der Gegenwart solche empfindsame Gedanken nicht um sich greifen; wir schöpften den Tag gründlich aus, und erst um Mitternacht suchten wir das Lager auf, um der heiligen Frühe, die uns das ungeduldig erwartete Krippenspiel bringen sollte, entgegenzuschlummern.

Endlich saßen wir dem Theater gegenüber, das nach den Bergen hingestellt ist: ein Holzbau, die Bauglieder farbig hervorgehoben, mit einem Bild im Giebelfeld. Die Bühne selbst ist in drei Schauplätze geteilt: Der mittlere größere Raum mit der Aussicht auf Jerusalem, links und rechts eine schmälere Gasse mit den Häusern des römischen Landpflegers und des Hohenpriesters turmähnlich flankiert. Schon füllt sich die Gasse rechts mit allerlei Volk, das jauchzend quer durch den mittleren Raum zieht und durch die Gasse links, während der Heiland, von Hosianna umtönt, auf dem Esel reitet, auf die geräumige Vorbühne ausmündet. Der Aufzug gewährt das überzeugendste Bild einer großen Volksbewegung, die sich, durch die sinnreiche Bühneneinrichtung, bald drängt, bald erweitert, bis sie sich in voller Breite ergießt. Durch häufige und nur allzu häufige lebende Bilder nach dem Alten Testamente, die für das Christentum vorbildlich sein sollen, unterbrochen, rückt die Handlung nur träge vorwärts. Man gewinnt damit Zeit und Antrieb, das zweite Schauspiel, welches die Naturszenerie und das Publikum gewährt, näher zu betrachten. Tausende von Zuschauern, über deren Köpfe man hinblickt, sitzen hier mehr oder weniger unter freiem Himmel, alle schaulustig und gespannt, aber doch auch leiblichen Bedürfnissen unterworfen. Selbst nicht vor dem Bilde des Höchsten und Heiligen schweigt, mit Homer zu reden, »die Wut des leidigen Magens«. Mächtige Brottrümmer kommen zum Vorschein, schmächtige Butterbemmchen verschwinden neben ungezählten Knackwürsten und blühenden Speckseiten. Man hört Stöpsel springen und das Glucksen sich entleerender Flaschen. Dazwischen Stöhnen und Schluchzen und das prosaische Nachspiel des Weinens – das Schneuzen. Man irrt aber, wenn man meint, irgendeines dieser Dinge störe die Stimmung des Zuschauers. Die Größe, die Mannhaftigkeit besitzt eine reinigende Kraft, wie ja auch das Meer nie schmutzig erscheint. Dann ist es die Gegenwart der freien Natur, die jeden kleinlichen Gedanken aus der Seele drängt. Ich sehe den Himmel über mir mit seiner ewigen Leuchte, eine vorüberziehende Wolke entlädt sich unter Blitz und Donner; dann blinken uns von den Halden die Wiesen entgegen, und weiter hinauf winkt der grüne Wald. Hier lustwandeln fröhliche Dirnen, dort recht ein Bauer das Heu zusammen; man hört die Hähne krähen und das Girren der Tauben. Und hier zwischen Zuschauerraum und Bühne fliegen die Schwalben und schreien die Sperlinge. Die Natur läßt sich nicht stören durch die Meinungen und Veranstaltungen der Menschen; während dem Heiland die Nägel durch die Hand getrieben werden, suchen zwei Schmetterlinge einander zu haschen. Da mag man wohl lächelnd an das Wort des Apostels Paulus denken: »Wir wissen, daß alle Kreatur sehnet sich mit uns und ängstet sich noch immerdar« – was von manchen so ausgelegt wird, daß auch die übrige Natur außer dem Menschen in das Erlösungswerk mit einbezogen sei. Die Natur aber ist eine uralte Heidin und wird eine Heidin bleiben; erst mit dem Menschen beginnt das Heilsbedürfnis. Da ist es nun eine wunderbare Erscheinung, und gerade Ammergau legt diesen Gedanken nahe, wie das Christentum, aus den höchsten Geistesquellen des Altertums entspringend, bis zu dem gemeinen Mann herabfließen und noch den Weihkessel der Armen und Elenden mit seinem Segen füllen konnte. Heraklits Oben und Unten, die Trennung von Leib und Seele, die platonische Lehre vom Vater und Sohne, von der Allgegenwart der Idee, die jüdisch-griechische Philosophie mit ihrer vermittelnden Tätigkeit, die universalistische Tendenz des römischen Geistes – alle diese dialektischen Verstandes- und Gemütsprozesse mußten vorhergehen, bevor die Kirche ihr Brot backen und ihren Wein schenken, bevor die Heilslehre Eingang finden konnte in die Seele und in den Mund eines deutschen Bauern. Der Logos, das Wort ist Fleisch geworden – ein Gedanke, mit dem nur wenige von den Zeitgenossen des Perikles einen Sinn hätten verbinden können, er ist ein Gemeingut unserer Landleute und wird von den Ammergauer Bildschnitzern vor aller Welt dramatisch dargestellt.

Das dramatische Evangelium der Oberammergauer, ihr Buch zum Krippenspiel, trägt den Charakter der Aufklärungszeit, in der es entstanden. Man hat in der jüngsten Zeit nach der ältesten Gestalt des Ammergauer

Bühnenspieles geforscht und glaubt es in einem geistlichen Spiele des Klosters St. Ulrich und Afra in Augsburg gefunden zu haben. Die Sprache dieses Spieles weist in das fünfzehnte Jahrhundert zurück. Das Gedicht springt auch nicht mehr aus der Quelle, sondern führt in seinem Rinnsal das getrübte Wasser und Geröll der Jahrhunderte mit sich. Selten gewinnt es plastische Gestalt, nur wenn Maria auftritt, wird es lebendiger und wärmer. »Nun helfet mir mein Kind beklagen,« ruft Maria an dem Grabe des Heilands aus; »ihr wisset ja, wie lieb sie sind!« (nämlich die Kinder.) Dieses einzige Wort wiegt das ganze Passionsspiel des Augsburger Meistersingers Sebastian Wild auf, aus welchem die ältere Fassung des Ammergauer Buches hervorgegangen. Hier weicht die Mutter Gottes, wahrscheinlich unter dem Einflusse der Reformation, auffallend zurück, und das Ganze ist eine handwerksmäßige Arbeit, die sich blind an den Endreimen fortgreift. Das gegenwärtige Buch der Ammergauer ist, wie gesagt, rationalistisch gefärbt und ohne volkstümliche Ader. Es fehlt der trauliche Ton, und die logischen Gelenke der Sprache treten stark hervor. »Was übrigens die Vollziehung des Urteils anbelangt,« sagt beispielsweise Kaiphas, »so wird es wohl das Sicherste sein, wenn wir es beim Landpfleger durchsetzen könnten, daß er ihn zum Tode brächte – dann wären wir ohne alle Verantwortung.« Oder Petrus, der aus dem Grabe des Heilands kommt, sagt zu Johannes: »Sieh selbst, wie ordentlich die Leintücher zusammengelegt sind. Alles ist im Grabe so geordnet, wie wenn jemand, der vom Schlafe aufsteht, seine Nachtkleider an den bestimmten Ort legt.« Doch bringt es selbst diese nüchterne Bezeichnung der Dinge manchmal zu ergreifender Wirkung, wie zum Beispiel, wenn Jesus, von seiner Mutter Abschied nehmend, ausruft: »Mutter! Mutter! Für die zärtliche Liebe und mütterliche Sorgfalt, die du mir in den dreiunddreißig Jahren meines Lebens erwiesen hast, empfange den heißen

Dank deines Sohnes.« Freilich greift hier die unwiderstehlich packende Situation über das Wort hinüber. Im ganzen bekundet das Buch einen guten Sinn für wirksame Situation.

Das Anregendste am Ammergauer Krippenspiel ist wohl der Schauplatz selbst, das geräumige, sinnreich gegliederte Theater, welches den Schauspieler nicht unvermittelt aus der Kulisse fallen läßt und jene Volksaufzüge ermöglicht, die an Wirkung weit hinausreichen über das Spiel der einzelnen. Ein ähnliches Theater scheint dem maßlosen Grabbe vorgeschwebt zu haben, wenn er in den »Hundert Tagen« etwa vorschreibt: »Zwei Schwadronen rücken vor«. Das Volk, die »Turba«, wie es in den Passionsmusiken heißt, ist der große Schauspieler von Ammergau, den freilich die Meininger nicht zu fürchten haben. Über die einzelnen und hervorragenden unter den Schauspielern hat sich kein klares Urteil festgestellt. Die Kritiker setzten sich gewöhnlich in ein gemütliches Verhältnis zu den Spielern, und so verloren sie ihre Unbefangenheit. Sie haben mit Judas in dieselbe Schüssel getaucht, mit dem Heiland einen Schoppen getrunken und mit der Mutter Gottes unter einem Dache geschlafen. Dieser schlichte Mensch, heißt es dann, welch ein Schauspieler! Nun ist es keine Frage, daß, von den Frauen abgesehen, die durchaus abscheulich spielten, manche der Mitspielenden Treffliches leisteten. Allen voran steht der Darsteller des Christus. Er ist eine schöne männliche Erscheinung, »unnachahmlich« gewachsen, wie eine Engländerin meinte, in allem Sichtbaren, was Gang, Stellung und Gebärde betrifft, geradezu bewunderungswürdig. Man merkt wohl den Bildschnitzer durch, und er hat sich, nach seiner eigenen Äußerung, an Führichs Kreuzgang geschult. Wie er vor Pilatus erscheint, wie er am Kreuze hängt, das ist eine wahre Augenweide. Leider liegen seine Augen zu versteckt, und in seiner hohen

Tenorlage spricht er mitten hindurch zwischen dem Schulmeister und dem Geistlichen. Außerdem ist er grimmig ernst; er hat nichts von der Ironie des Heilands, der doch, ganz Mensch und ganz Gott, die höchste Ironie darstellt. In seiner allzu passiven Haltung trägt er wesentlich bei zu der Verstimmung, die sich dem brutal mißhandelten Christus gegenüber des Zuschauers bemächtigt. Für den Gläubigen ist das Wasser auf die Mühle; wer aber dramatisch genießen will, dem ist mit einem so absolut duldenden Helden nicht gedient. Alles rein Menschliche in den Situationen, wie etwa die Szene auf dem Ölberge, wird dann zum Genusse. Im ganzen leidet das Ammergauer Krippenspiel an einem Hauptfehler: es ist nicht mehr Naivität und noch nicht Kunst. In dieser schwankenden Mitte wird der Zuschauer hin und her geschaukelt.

Andere, darunter selbst Schauspieler, urteilen milder. Vielleicht wird es dem Leser angenehm sein, in diesem Zusammenhange das Urteil eines großen Schauspielers zu hören. In einem Briefwechsel, in welchem es sich um die Schauspielkunst handelte, schrieb mir Adolph Sonnenthal:

»Also meine Ammergauer Eindrücke wünschen Sie zu wissen? Nun, ich hatte deren, und zwar mächtige Eindrücke, die aber leider durch die oftmals in die Länge gezogene Handlung, durch das störende Spiel einzelner, wie des Judas und der Magdalena, wieder paralysiert wurden; und dennoch brachte mich der Darsteller des Christus immer wieder in die richtige Stimmung, so daß ich in der Hauptaktion, in der Kreuzigung, aufs tiefste ergriffen war und beim Verlassen des Spieles nur den einen Gedanken hatte: ob irgendein Schauspieler die Rolle so perfekt darstellen könnte. Sprechen würde er sie unbedingt besser, aber agieren? Ich glaube nicht. Die Aktion des Abendmahles und der Tod könnten jedem großen Künstler von Beruf zur Ehre gereichen. Die Hoheit und Milde, und ich möchte sagen die Grazie, mit welcher dieser Mensch den Jüngern die Füße wusch, hat mich geradezu in Erstaunen gesetzt. Die Inkarnation des Leidens im Ausdrucke und dabei die übermenschliche Duldermiene am Kreuze, die letzten Momente, wenn ihm das Auge bricht und der Kopf schwer auf die Brust sinkt und noch mit gebrochenem Auge seine Mutter sucht – ich wüßte keinen Schauspieler, der es besser machen könnte, und daß dieser Mann eben kein Schauspieler, sondern ein einfacher Mensch und Holzschnitzer ist, das hat mir mehr als einen künstlerischen, das hat mir einen weihevollen Eindruck gemacht. Diesen Eindruck empfing ich auch bei dem Einzuge Christus in Jerusalem, bei der Kreuztragung, und wenn nur die anderen Mitspielenden annähernd die natürliche Begabung Mayers hätten, dann wäre der Eindruck ein allgemeiner. Man sprach zu viel davon, und Sie erwarteten ein künstlerisches Ensemble. Das ist es nicht und soll es meiner Ansicht nach auch nicht sein, wenn es wirklich eine religiöse Wirkung hervorbringen soll. Es darf nur nicht geradezu störend sein, wie Judas und Magdalena. Ich habe mir manches sogar noch naiver, noch natürlicher gewünscht. Die künstlerischen Eingriffe der Münchener Künstler in den letzten Jahren haben dem Wesen der Sache offenbar geschadet; man wird dadurch hin und wieder doch an das Theater erinnert, und zwar an ein schlechtes Theater, und das ist vom Nachteil. Ihr Eindruck ist übrigens nicht vereinzelt; ich habe viele gesprochen, die Ihre Empfindung ganz und gar teilen. Vor einigen Tagen war ich in Königswart bei der Fürstin Metternich; während des Diners wird über Oberammergau gesprochen, und die Fürstin erwartete einen Brief ihrer Tochter, der Fürstin Oettingen, die auch dem Passionsspiele beigewohnt und die ihr versprach, darüber zu schreiben, denn sie selbst war nicht dort. Nach Tisch traf dieser Brief richtig ein, und die Fürstin las ihn uns vor. Im allgemeinen sprach sie nun Ihre Ansicht aus; aber eine geistreiche Bemerkung machte sie über Christus, die sehr bezeichnend ist. Sie sagte: er spielte zu demütig, *comme s'il n'était pas digne d'être Jésus!* Ich mußte ihr widersprechen, denn gerade die Auffassung, wenn hier von Auffassung die Rede sein kann, das rein Menschliche, hat mich diesem Gottmenschen näher gebracht und – lächeln Sie nicht, ich habe an ihn geglaubt, allerdings nur bis zu dem Moment, wo er aus dem Grabe auferstand. Hier wurde ich wieder zu sehr an die Komödie gemahnt. Ich habe noch nichts über die Einrichtung des Theaters gesagt, dies fand ich geradezu sublim. Sie doch auch? Die Szene des Gerichts. Pontius auf dem Balkon, unter demselben der gefesselte Christus, zur Rechten das Volk, zur Linken die Priester, das war doch ein großartiger Eindruck. Was ließe sich auf solch einem Theater mit großen klassischen Stücken machen – etwa mit den Königsdramen oder »Götz«? Diese beiden Seitenbühnen sind eine geniale Erfindung. Denken Sie sich die Volksszene im »Julius Cäsar«, in der Mitte das Forum, das Volk zu beiden Seiten, die ganze Tiefe der Bühne – es müßte hinreißend wirken. Der Chor und die Musik, die mir anfangs gefielen, wirken auf die Länge durch ihre Monotonie etwas einschläfernd; doch hat mir wieder der Chorführer, wenn Sie ihn noch im Gedächtnisse haben (und zwar der vom Zuschauer rechts), außerordentlich gefallen. Wie edel sich der Mensch bewegte, wie geschickt er immer auftrat und abging. Das ist nämlich sehr schwer, so eine breite Bühne entlang ruhig und schön zu gehen. Wenn Sie nun alle diese Einzelheiten summieren, so werden Sie es begreiflich finden, daß das Schauspiel nicht ohne Eindruck an mir vorübergehen konnte, und ich bereue es nicht einen Augenblick, dort gewesen zu sein.«

Nach einer solchen Autorität in schauspielerischen Dingen kann man schon schweigen. Ohnedies wird es allzu lebendig um mich her, und auf das große Krippenspiel folgt das kleine. Ein einziges Kind ist mächtiger als ein ganzes Publikum. Eine kleine Hand führt mich zu dem flimmernden Baume hin, in welchem ein ganzer Wald von Seligkeit rauscht.

(Am 25. Dezember 1880)

Das Heimatsgefühl der Brüder Grimm

Ein Weihnachtsblättchen

Die Brüder Grimm, Jakob und Wilhelm, kennt die ganze deutsche Welt, von den obersten Höhen geistiger Bildung durch das Frauengemach hindurch bis herab in die Kinder- und Schulstube. Sie haben die Kinder- und Hausmärchen gesammelt aus dem Munde des Volkes, ja nicht nur gesammelt, sondern, indem sie mit dichterischem Sinne die epischen Gesetze dieser Gattung durchfühlten und erkannten, haben sie uns die Märchen weich, warm und traulich an das Herz gelegt. Wer diese Märchen in sich aufgenommen, kann Deutsch, und auch das tiefe Gefühl, woraus sämtliche Werke der Brüder Grimm hervorgegangen: das Heimatsgefühl, wird er aus ihnen kennen gelernt haben. Die prächtigen Worte Vaterlandsliebe und Patriotismus möchten wir, wenn wir von den Brüdern Grimm sprechen, nicht in Anwendung bringen, weil bei ihnen das Gefühl für ihr Volk im Engen und Engsten wurzelt, in dem kleinen Lande, dem sie angehören, in dem heimatlichen Winkel, wo sie geboren, in der Stadt und Stube, da sie gelebt haben. Selbst wenn sie sich zur höchsten Vaterlandsliebe aufgeschwungen, kehren sie gern in ihre Furche zurück und vollenden da, der Lerche gleich, den Lobgesang eines Liedes, das sie in der Höhe geschmettert haben. Zumal an Jakob, dem stärkeren, mutigeren, vordringenderen der beiden Brüder, fällt diese Sitte auf, und Wilhelm läßt sich nur durch den älteren, aber feurigeren Bruder zu kräftigeren Kundgebungen der Gesinnung mit fortreißen. In Leben und Wissenschaft ist Jakob die trotzigere und bahnbrechende Natur. Wo er den Pflug ansetzt, drückt Jakob ihn tiefer ein, so daß der Brodem der Erde hervorbricht und sich die Schollen schwer und langsam, als wollten sie sich eine Weile besinnen, zu beiden Seiten niederlegen. Ein Bahnbrecher, schaltet Jakob mit Axt und Pflugschar, während Wilhelm mehr eine Gärtnernatur ist, die auf dem schon gerodeten Erdreiche ihre zierlichen Beete anlegt, sie sorgsam wartet und still begießt. Jakob wühlt neue Schöpfungen aus dem Boden hervor, eine Grammatik, die Mythologie, die Rechtsaltertümer, Wilhelm läßt gewissen alten Lieblingsautoren seine peinliche Pflege angedeihen und schreibt, bedächtig suchend und das Gefundene geduldig zusammenfügend, die Geschichte der Heldensage, die ihren Gegenstand durch Zeugnisse und eigene Entwicklung von außen und innen beleuchtet. Alle diese Arbeiten und Werke gehen aber aus dem tiefen Grunde des Heimatsgefühls, aus der starken Empfindung hervor, daß es für den Menschen nichts Anziehenderes und Wertvolleres gebe, als was schon die Heimat an lebendigem Besitz und nachklingender Überlieferung entgegenbringe. Rührend neben so eindringlichen wissenschaftlichen Taten ist bei den Brüdern Grimm der kindliche Ausdruck ihrer Anhänglichkeit an die Heimat. So wenn Wilhelm, im Hinblick auf den Aufenthalt seines Sohnes in Italien, in die Worte ausbricht: »Ich könnte auf die Länge nicht an einem anderen Orte leben, so hänge ich an meinem Vaterlande,« oder wenn Jakob sich statt aller Herrlichkeit des Südens den blühenden Apfelbaum lobt und den Finken darauf.

Das Kleine groß empfinden ist eine Kunst Jakob Grimms. Er und sein Bruder haben die Gabe des Dichterauges, das sämtliche Dinge, sie mögen noch so gewohnt und vergriffen sein, stets zum ersten Male sieht und einen Strahl der

Verwunderung und des Wiedererkennens darauf fallen läßt. Jakob Grimm sagt einmal: »Alles, was der Mensch betrachtet, ist wunderbar, Sprache, Wort und Laut«. Diese Anschauung zieht sich in einem breiten Bande durch seine deutsche Grammatik, die so vorteilhaft abweicht von allem, was man bis dahin Grammatik genannt hat, daß sie uns alle zu Grammatikern macht. Sie lehrt nicht, sie schulmeistert nicht, sie zeigt bloß, wie die Dinge sind. Oft geht Grimm von unwillkürlichen Jugendeindrücken aus, die nun wissenschaftlich reif geworden sind, wie die sinnlichen Freuden an dem Lautdreiklang *a, i, u,* der mit seinem Vokalgesang die ganze deutsche Sprache durchwaltet. Wenn wir sagen: binde, band, gebunden, so ist das ein einzelner Fall, dem man in der deutschen Sprache auf Schritt und Tritt begegnet. Jeder Knabe, jedes Mädchen, das eine Volksschule besucht, weiß heute, daß ein Zeitwort, welches mit diesem Klangschmuck und Wohllaut abgewandelt wird, ein starkes Zeitwort heißt, während das schwache Zeitwort dieser Zierden entbehrt. Vor Grimm hieß ganz verkehrt das schwache Zeitwort regelmäßig, das starke aber, das doch äußere Anhängsel verschmäht und die verschiedenen Zeiten durch einen mächtigen inneren Trieb aus sich selbst erzeugt, unregelmäßig. Jakob Grimm hat hier den Schulmeistern ein Licht aufgezündet, bei dem sie das sahen und erkannten, woran sie sich bisher nur gestoßen hatten. Manches andere noch hat Grimm in diesem bisher so trockenen Buchstabenwesen entdeckt. Immer mächtiger drang er in seiner Grammatik vor, stets, wie bei allen seinen Untersuchungen, von einem starken Heimatsgefühl geleitet. Sein Volk wollte er erkennen in seiner Sprache. Er zeigte, wie die deutsche Sprache den großen Gegensatz der Geschlechter, der die Menschen scheidet und bindet, auch auf die übrige Schöpfung durch ein eigentümliches Einbildungsvermögen ausdehnt; er schüttete die ganze deutsche Sprache auf, um die Vorstellungen und sittlichen

Richtungen des deutschen Geistes darzustellen, gleichsam Vorelemente zu einer deutschen Psychologie und nationalen Ethik herbeizufördern. Er brachte dadurch auch Klarheit in die deutschen Personennamen, in welchen sich das deutsche Wesen, als man die Bedeutung des Wortes noch verstand oder durchfühlte, so mannigfaltig und deutlich aussprach. Ein Name, den man einem Kinde beilegt, ist ein Wunsch oder gar die Fülle des Wunsches: ein Ideal. Grimm ist in diese Untersuchungen ohne vorgefaßte Gedanken oder heimliche Tendenz hineingegangen. Wilhelm Scherer ist gescheitert, und in einem schmerzlichen Bekenntnisse hat er selbst eingestanden, gescheitert zu sein, als er gewissen geschichtlichen Erscheinungen der deutschen Sprache ethische Beweggründe unterschob, Lautverschiebung und Lautänderung, anstatt sie mechanisch aus dem Spiele der Sprechwerkzeuge zu erklären, vielmehr aus Charaktereigenschaft des deutschen Geistes ableitete.

Jakob Grimm hing so fest an der Scholle, daß er Kassel und sein geliebtes Hessen nur ungern verließ, und so weit schien ihm die Entfernung, daß er zum Antritt seiner Professur an der Göttinger Hochschule das Heimweh zum Redethema wählte. Nach altem Brauche mußte er die Rede lateinisch halten. Seltsam genug nimmt sich ein so grunddeutsches Wort und eine so grunddeutsche Sache in der fremden Kleidung aus. Wie umständlich und nüchtern ist die lateinische Umschreibung des Wortes *(De desiderio patriae)*, wie sonderbar, wenn Grimm bei gehobenen Stellen sich der Redeweise römischer Dichter bedient. Nostalgia gäbe ganz den Sinn des deutschen »Heimweh«, allein es ist ein spätes Wort, das wie eine Übersetzung klingt. Zwar die Sache haben die Griechen gekannt – Zeugnis dafür die Odyssee, das ewige Lied des Heimwehs, Zeugnis dafür aus geschichtlicher Zeit die rückkehrenden, das Meer erblickenden Landsknechte des Xenophon, denen Laute entfahren, die man als deutsch ansprechen könnte, wenn sie für deutsche Eichenherzen nicht zu sehr ins Weiche gingen. Grimms lateinische Rede über das Heimweh kann uns an das Walthari-Lied erinnern, das trotz der Abfassung in römischen Versen rechte Funken deutschen Heldentumes wirft. In römischer Zunge eifert Grimm gegen den Mißbrauch der lateinischen Sprache, und einmal, als er das Lateinische »wert, teuer sein«, das an Gewicht und Geld erinnert, von der Heimat gebraucht, glaubt man schon, ihm würde das herzliche Wort »lieb haben« von den Lippen springen. Ihm übrigens Heimweh zu erwecken, trugen die unerquicklichen politischen Zustände in Hannover bei. Der König hatte die Verfassung aufgehoben, Grimm hatte auf die Verfassung geschworen. Er hielt seinen Schwur, wurde entlassen, und als er mit seinem Bruder nach Kassel zurückkehrte, paßte jeden Tag ein Polizeimann vor ihrer Wohnung, als ob sie gemeine Spitzbuben wären. In der Schrift über seine Entlassung fragte er mit dem Siegfried im Nibelungenliede: Wohin sind die Eide gekommen? Von da an ist den Gebrüdern Grimm die Politik, obgleich sie keine Politiker waren, nachgegangen. Jakob ist im Frankfurter Parlament gesessen, er hat tapfer teilgenommen an der schleswig-holsteinischen Frage. Das Heimatsgefühl steigert sich zur vaterländischen Gesinnung. Jakob schreibt an einen dänischen Gelehrten: »Ich träume von einem großen Verein zwischen Deutschen und Skandinaven ... Ich schätze zwar keines der übrigen mitlebenden Völker gering, möchte aber doch nicht die Eigentümlichkeit meines Volkes und der uns urverwandten preisgeben gegenüber einem unserer ganzen Art fremden und von uns abweichenden. Der gemeine Russe ist kräftig und praktisch, voll Verstand und Begabung, allein höheren Zielen der menschlichen Entwicklung strebt er nicht eben zu; alle Beamten sind in hohem Grade verderbt und bestechlich, die vornehmen Stände durch frühreife Treibhauskultur im voraus fast zugrunde gerichtet. Wer möchte wünschen, daß diesem mit breiter plumper Gewalt in der Weltgeschichte wie fast kein anderes auftretenden Volke noch ein größerer Spielraum zuteil werde ... Diese Russen sind natürliche Feinde alles dessen, was Deutschland da oder anderwärts stark machen würde. Aber ich begreife dein dänisches Gefühl, das Russen den Deutschen vorzöge ...« Jakob Grimm, der in einem geeinigten und freien Deutschland die Gewähr für den Frieden und die Wohlfahrt Europas erblickt, hat das neue Deutschland, nach dem er sich so sehr gesehnt, nicht mehr erlebt. Aber einen merkwürdigen Blick in die Zukunft hat er getan, als er im Jahre 1844 in Italien reiste. Er schreibt in seinen Reiseerinnerungen: »Das heutige Italien fühlt sich in Schmach und Erniedrigung liegen; ich las es auf dem Antlitz blühender, schuldloser Jünglinge. Was auch kommender Zeiten Schoß in sich berge, die Macht, deren Flamme wir noch aufflackern sehen, wird nicht ewig über ihm lasten, und wenn Friede und Heil des ganzen Weltteiles auf Deutschlands Stärke und Freiheit beruhen, so muß sogar diese durch eine in dem Knoten der Politik noch nicht abzusehende, aber dennoch mögliche Wiederherstellung Italiens bedingt erscheinen.«

Wie weit und scharf Jakob Grimm über den lebendigen Zaun seiner Heimatsliebe späht, ist aus den angeführten Worten zu ersehen. In diesen Stücken bleibt Wilhelm hinter dem Bruder zurück; aber Jakob zieht ihn nach, und Wilhelm geht geistweise mit. Sind sie doch im Leben und in der Wissenschaft immer miteinander gegangen und haben sich nie verlassen. Sie waren einander treu, wie sie ihrem Volke treu waren – treu wie Gras. Man möchte fast vermuten, daß sich einmal, wenn ihre Bücher verschollen sind, die Volksphantasie dieser beiden rührenden und großen Gestalten bemächtigen werde. Wir können uns denken, daß man auf der Bank vor dem Hause sich einmal erzählt:

Die Brüder Grimm.
Ein deutsches Kinder- und Hausmärchen.

Es wird etwa beginnen: »Es waren einmal zwei Brüder, der eine hieß Jakob, der jüngere Wilhelm.« Was aber wird das Märchen von ihnen erzählen? Die Geschichte vom Dornröschen, nur daß die schlafende Königstochter das deutsche Volk mit der versunkenen Heimlichkeit seiner Sprache und Sitte sein wird, und die beiden Knaben, Jakob voran, Wilhelm hintendrein, brechen durch die Dornenhecke und erlösen durch ihren Kuß das schlafende schöne Kind. Dann werden in den Zuhörern alle guten Geister des Heimatsgefühls aufwachen, und sie werden die beiden Knaben, die das Wunder vollbracht haben, preisen und segnen.

(Am 25. Dezember 1891)

Gedruckt in der Buchdruckerei von
Herrosé & Ziemsen, G. m. b. H.
in Wittenberg. Titel und Einband
zeichnete Lucian Bernhard, Berlin

www.ingramcontent.com/pod-product-compliance
Lightning Source LLC
Chambersburg PA
CBHW020147170426
43199CB00010B/921